LÄNDLICHES WOHNEN

MARY TREWBY

Ländliches Wohnen

Einrichtung, Dekoration
und Accessoires

AUGUSTUS VERLAG

Die Deutsche Bibliothek –
CIP-Einheitsaufnahme

Ländliches Wohnen :
Einrichtung, Dekoration und
Accessoires / Mary Trewby.
[Aus dem Engl. übers. von Christiane Bergfeld]. – Augsburg :
Augustus-Verl., 1992
Einheitssacht.: Simple
country style <dt.>
ISBN 3-8043-0204-1
NE: Trewby, Mary; EST

Titel der englischen Originalausgabe:
Mary Trewby »Simple country
style«.
Aus dem Englischen übersetzt
von Christiane Bergfeld,
Hamburg

Zuerst veröffentlicht 1990 von
Conran Octopus Limited,
London

Für die deutschsprachige
Ausgabe:
AUGUSTUS VERLAG
AUGSBURG 1992

Lektorat: Michael Schönberger
Umschlaggestaltung:
Bine Cordes, Weyarn

Printed in Singapore
ISBN 3-8043-0204-1

INHALT

EINLEITUNG

Seit ich mich mit Innenarchitektur befasse, also etwa seit zehn Jahren, ist daraus eine höchst feierliche Angelegenheit geworden – verbunden mit Geldausgaben und einem Übermaß an Protz und Prunk. Als wir die Old Chapel (die alte Kapelle) – unser Refugium in Somerset – restaurierten, hatte ein Gedanke absoluten Vorrang: Es sollte schlicht bleiben, unstrukturiert, ausgesprochen unelegant. Andererseits sollte es nicht in Minimalismus ausarten. Auf Fotos mag ich so etwas, im wirklichen Leben brauche ich ein gewisses Maß an Behaglichkeit. Der Trick bestand also darin, bequeme Sitzmöbel hineinzuzaubern, einen Herd, Borde und Schränke, Lieblingsbilder, eben alles, was sofort eine behagliche Atmosphäre verbreitet (was gut tut nach einer langen Autofahrt in später Winternacht), ohne uns den großen freien Raum unnötig vollzustopfen.

Die Kapelle ist ein Wochenendrefugium, aber acht Jahre lang habe ich wirklich auf dem Land gelebt, am Rand einer kleinen Küstenstadt in Dorset. Damals entwickelte ich ungeheure Energien, ich stellte selbst Nudeln her und Blätterteig, fertigte Lavendelsäckchen

für den Wäscheschrank an und war überzeugt, das Geheimnis der guten Lebensart für mich entdeckt zu haben, was die Franzosen so schön „douceur de vivre" nennen. Ich habe auch gelernt, mich dem Rhythmus der Jahreszeiten anzupassen, geduldig das Ende des dunklen, grauen, sturmgepeitschten Winters zu erwarten, um mich dann unbändig über die ersten Primeln zu freuen, die so frühlingsfrisch und dottergelb in der späten Februarsonne leuchteten.

Mein Leben in den letzten zehn Jahren steht dazu in völligem Kontrast. Jetzt wohne ich quasi in einem bengalischen Dorf, seltsamer Weise nur fünf Minuten entfernt vom tiefsten Nadelstreifen-London, mit nächtlicher Aussicht von meinem obersten Stockwert auf den blinkenden Turm der National Westminster Bank zu meiner Linken und dem wilden Obelisken von Hawksmoors Meisterwerk, Christ Church, Spitalsfield, der die nächtliche Landschaft nach rechts natriumhell durchbricht. Die heimische Amsel schlägt nur wenige Minuten vor der Lebkuchen-Moschee von Whitechapel in der Morgendämmerung an, und ich trete hinaus in die Morgenluft, die noch erfüllt ist von exotischem Aroma, welches herüberweht von hundert indischen Imbißstuben in und um Brick Lane.

Nach fünf Jahren des Herumschwirrens, journalistisch und auch privat, in dieser verstädterten Umgebung wußte ich, daß ich ohne einen Schlupfwinkel in grüner, unberührter, ländlicher Umgebung unweigerlich zugrunde gehen würde. Eine tückische Krankheit bestätigte mir das. Die Old Chapel in Haverton, einem kleinen Flecken in einer Mulde zwischen den sanften Mendip Hills und den White Horse von Westbury in der Ferne – unweit von Bath – wurde in diesem kritischen Moment Teil unseres Lebens. Wir waren bereit, so etwas wie einen Wink des Schicksals wahrzunehmen. Ich habe nie daran geglaubt, daß wir ein Haus auf dem Immobilienmarkt finden könnten. Wir mußten nicht einmal einen Makler bemühen. Um mehrere Ecken herum erfuhren wir, daß die Kapelle zum Verkauf stand, ein ehemaliges Baptistenkirchlein, erstklassige Handwerksarbeit aus dem örtlichen grauweißen Stein, erbaut 1839, wie die Fassadeninschrift verriet. Wie so oft in entlegenen ländlichen Gebieten war der Stil noch zehn, zwanzig Jahre älter. Schon seit Jahren hatte sie dem Bauern, dem das Land gehörte, als Scheune gedient. Elegante Rundbogenfenster im georgianischen Stil waren zerbrochen, durch Lücken zwischen den Dachpfannen fiel Licht herein, der Holzfußboden war verrottet, der einzige Grabstein auf dem winzigen angrenzenden Friedhof stand schief in einem Nest von Nesseln, das ein unschöner Betonpfad in zwei Teile zerschnitt. Es gab weder Wasser noch Strom,

keine sanitären Einrichtungen, nur ein Steingehäuse mit einer hölzernen Galerie voller Kirchenbänke, eine kleine an die Seite geklebte Sakristei, die früher auch als Schule genutzt wurde,. Doch ein zerfurchter Pfad führte daran vorbei, neben dem eine knorrige Eiche und eine stämmige Kiefer wuchsen, deren Wurzeln in einem unterirdischen Wasserlauf vergraben waren, dahinter verlief eine sanfte Kurve von Weideland. Unsere Freundin Irma, die sich den Umbau nicht leisten konnte, rief uns an und teilte uns fast unter Tränen mit, sie wolle unbedingt, daß wir die Kapelle bekämen, wenn sie selbst sie schon nicht haben könne. Eine lebhafte Brooklynerin wie sie schreckte vor dem groben Zugriff der Architekten zurück, vor dem Gedanken an Terrassen und Garagen, und daran, daß ein ‚normales' Haus entstehen sollte aus dem Raum, den die Baptisten mit ihrem Gesang erfüllt hatten.

Bei mir handelte es sich nicht um Liebe auf den ersten Blick. An einem grauen Tag, am Rand eines

Ackers öde und verlassen stehend, kam sie mir als strenger kleiner Kasten und als Gebrauchsgegenstand vor, der einsame stehende Grabstein jagte mir einen Schauer über den Rücken. Dennoch ertappte ich mich im Handumdrehen beim Pläneschmieden – „Hier kommt ein Baum hin, Pflaster und Kräuter im – äh – Friedhof, Türen nach hinten hinaus, um die Landschaft hineinzulassen…“ und bis in die Zehenspitzen spürte ich, daß dieses alte, versteckt liegende, bescheidene Eckchen Somerset mir eine Zuflucht bot, ein Ort „wo das Grün verschmilzt“.

Ich lebe mit einem Architekten zusammen, und der Umbau der Kapelle war unser erstes gemeinsames Projekt. Ich stellte mich auf heftige Kämpfe ein, und es sollte tatsächlich zu Meinungsverschiedenheiten kommen, doch waren es weniger als erwartet, und es ging selten um die wirklich wichtigen Fragen. Wir wollten zum Beispiel beide das Kirchenschiff intakt halten. Das bedeutete aber, daß wir in einem Bett schlafen würden, das über die Galerie hinausragt, (Seite 10), die einen Teil des Hauptschiffes einnimmt. Das ist zwar nicht so diskret, aber als Alternative zum Wohnen in einem Haus mit so vielen Türen, in dem man nie weiß, wer gerade wo ist, ist es erfrischend, mal offen zu wohnen. Und an einem sonnigen Morgen mit einem Blick durch die fünf Meter hohen Bogenfester aufzuwachen (S. 7) ist ein wunderbares Gefühl. „Die Ulmenkrankheit hat unsere Ecke in Somerset leergefegt“, meinte unser Nachbar, Brian Rossiter, der meistens grinsend auf seinem Traktor saß, wenn er an uns vorbeiratterte, um zu seinen weitverstreuten Äckern zu fahren. Aber ein glücklicher Zufall rettete zwei Bäume in unserem Blickfeld am Horizont, die genau im obersten Fensterabschnitt der Bögen stehen, wenn ich die Außenwelt träge von meinem Kopfkissen aus betrachte.

Unser erster ernsthafter Streit darüber, ob wir zu beiden Seiten des ursprünglichen Altars Türen heraushauen sollten, verlief ohne Blutvergießen. Ich war über-

zeugt, daß das ursprünglich existierende Fensterwerk der Kapelle mit schräg einfallendem Licht hoch auf der Wand uns das Gefühl vermitteln würde, auf dem Grund eines Brunnens zu wohnen, und wir würden uns wie abgeschnitten von der umliegenden Gegend fühlen. Ich stellte mir vor, daß ein Paar Flügelfenster die hohen Bogenfenster bis auf den Boden fortsetzen würden, aber Richard fühlte sich herausgefordert, etwas Lebhafteres zu entwerfen. Das Ergebnis waren zwei elegante Torbögen à la Vanbrugh (Seite 7), die in einen Steingarten hinausführen. Dort sollen eines Tages Pflanzen wachsen, die Schatten lieben.

Zu einem Glanzstück geriet dem Architekten die Umwandlung einer kleinen, aber hohen Sakristei in drei kleine Schlafzimmer mit seltsamen Grundrissen nebst winzigem Badezimmer und sogenanntem Vestibül, ohne daß er die lebendige, elegante spätgeorgianische Fensterung antastete. Sonst hätte er nämlich einen Boden über die hohen Fenster ziehen müssen. Bei Richards Lösung bleiben die hohen Fenster Hauptattraktion des strengen kleinen Gebäudes, die lichtdurchflutet den Rahmen für die Bäume draußen auf dem Pfad abgeben. Das Hauptschiff der Kirche haben wir mit den Vanbrugh-Türen und einem alten dänischen Ofen aus Gußeisen gründlich säkularisiert, dort wo einst der Altar stand. Das sechs Meter hohe Ofenrohr strahlt behagliche Wärme aus.

Ganz unerwartet herrscht in der umgewandelten Sakristei eine nachdenkliche, friedliche Atmosphäre. Das schmale Schlafzimmer in der unteren Etage, in das ein Doppelbett und eine Kommode knapp hineinpaßten, ist der merkwürdigste Raum. Die Zimmerdecke beginnt an einem Ende ganz tief beim Bett und richtet sich zum Fenster hin zu voller Höhe auf. Dabei wirkt das Zimmer so friedlich. Es bildet eine kleine Seitenkapelle und läßt einen herrlichen Ausblick auf „unsere" Eiche zu.

Wenn es nach Richard gegangen wäre, hätte er sich mit weißen Wänden und minimalistischer Einrichtung begnügt. Aber im ungemütlichen Klima Englands kann ich weiße Wände einfach nicht ausstehen. Wir einigten uns auf ein bißchen Farbe. Die Renovierung der Kapelle vollzog sich in Arbeitsschüben. Farben blieben ein heikles Thema. Wenn wir voller Elan waren, ging alles wie von selbst, wenn uns der Eifer verließ, wurde es problematisch. Obwohl ich jetzt mit Malerbedarf handele, dachte ich gar nicht an die Kapelle, als ich mir die Mischung für unsere Wandfarbe einfallen ließ. Diese Kombination jedoch aus reiner Farbe und rustikaler Struktur waren für mein Gefühl genau das Richtige für die großen freien Räume. Das Himmelblau, das ich im kleinen Schlafzimmer verwendet habe, erfüllt mich mit großer Zufriedenheit. Die Briten meiden Blau als kühle Farbe; dieser spezielle Blauton mit einem leichten Stich ins Grüne verbreitet aber eine anheimelnde Atmosphäre in dem Zimmer, die sich hoffentlich beruhigend auswirkt auf Familienmitglieder und vorübergehend hier wohnende Gäste.

Meine erste kreative Leidenschaft war das Bemalen von Booten, danach amerikanische Volkskunst, später dekorative Malerei nach skandinavischen Vorbildern mit ihren gewagten Farben und Strukturen und Trompe-l'oeil-Malerei. Folkloristische Elemente haben wir nicht in die Kapelle einfließen lassen, doch ein gewisses hippyhaftes Flair läßt sich nicht leugnen, vielleicht weil die rustikalen indianischen Textilien, Farben und Muster sich so gut in unseren eigenen rustikalen, wenn auch ganz anderen Kontext fügen. Außer der dreiteiligen Sitzgruppe aus Rattan, neu und pflegeleicht, besteht das Inventar aus vielen Erbstücken und allem möglichen Zeug von Flohmärkten, das nicht in unsere Londoner Wohnung paßte. Wir hatten uns vorgenommen, kein Geld auszugeben, nur zu improvisieren (es war sowieso keines mehr da, nachdem wir mit dem Umbau fertig waren). Eine besondere Angelegenheit ist es, nun diesen ganzen Trödel aus optischen und praktischen Gesichtspunkten betrachtet miteinander in Einklang zu bringen. Ich freue mich, daß wir schon fast am Ziel angelangt sind, immer wieder kommen plötzliche Eingebungen. Meine bisher beste Idee war es, die

Marmorstücke aus zerbrochenen Waschtischen, die wir mit der Kapelle geerbt hatten, für den Fußboden des Mini-Badezimmers zu verwenden. Wenigstens einmal in meinem Leben habe ich – die Verfechterin der Imitate – einen echten Marmorboden.

Der Reiz meiner Renovierungsabenteuer in der Kapelle besteht darin, daß es private Experimente sind, die ohne Druck und nur zu meiner eigenen Freude entstanden. Trotzdem hoffe ich, daß sich auch andere Menschen über die Resultate freuen können. Das wäre das schönste Kompliment für mich.

Jocasta Innes

AUSSEN-
ANSICHTEN

Herbstimpressionen
Dieses Fachwerkhaus (links) aus Stein und verputzten Ziegeln sieht aus wie ein Bauernhof aus dem Bilderbuch: Spitzgiebeldach, Fensterläden, üppiger Fensterschmuck. Dazu paßt auch der eigenwillige Türklopfer in Form einer Faust.

Schlicht und praktisch soll der Landhausstil sein, eine Antwort auf die Landschaft und lokalen Gegebenheiten. Größe, Materialien, Farben und Bautechniken können sehr unterschiedlich sein. Doch eine Gemeinsamkeit haben die kleine strohgedeckte Bauernkate, eine schmucke Holzvilla mit Veranda oder ein großes, geräumiges Steinhaus: Das Material ist angemessen, alles ist streng funktional, die Proportionen stimmen. Man fühlt sich stets dem Ort und der Tradition verpflichtet, was sich in der Verwendung lokalen Baumaterials zeigt: Marmorumrandungen in Mittelitalien unweit der Steinbrüche von Carrarra oder Schieferdächer in Wales. Dann die Verzierung: verschnörkeltes Schmiedeeisen in Lousiana, Stuck in Ostengland und dekorative Giebel auf französischen und niederländischen Bauernhäusern.

Der Prototyp des englischen Cottage inspirierte die Architekten der Arts and Crafts-Bewegung, die als Reaktion auf die Industrielle Revolution Mitte des 19. Jahrhunderts aufkam: Ziel war es, uraltes Kunsthandwerk vor dem Aussterben zu retten. Das Red House bei London, 1860 von Philip Webb für William Morris entworfen, war eine Hommage an die heimische Baukunst. Webb und die anderen Arts and Crafts-Architekten hielten sich an die Regeln der ländlichen Bauhandwerker, sie verwendeten lokale Materialien und Techniken, sprengten aber den üblichen Rahmen. So entstanden wunderschöne geräumige Villas wie das Watts Sherman House in Rhode Island von Henry Hobson Richardson, ein Bau aus Ziegel und Stein mit Spitzgiebeldach und das Gamble House in Kalifornien von Greene und Greene, verkleidet mit Schindeln. Frank Lloyd Wright trieb die Idee von regionalen Baustoffen auf die Spitze: Er baute eine Reihe von kalifornischen Häusern aus Ziegeln, die er aus dem Ton brennen ließ, welche er an Ort und Stelle vorfand.

Aus der bescheidenen Hütte wurde unter den Händen der Arts and Crafts-Leute Architektur. Die Häuser, gegen Ende des 19. Jahrhunderts gebaut, fanden und finden immer noch Nachahmer in vielen Ländern.

Lokalfarben

Wie ein natürlicher Teil der Umgebung fügen sich gelungene rustikale Fassaden in die Landschaft ein. Rosen schmücken dieses wunderschöne alte Cottage (links) mit dem Schieferdach. Der Torbogen rahmt den Eingang in den dunklen Flur und das geheimnisvolle Dahinter stilvoll ein.

Der Reiz des Holzhauses aus dem frühen achtzehnten Jahrhundert in Connecticut (oben rechts) liegt dagegen in schmucklosen Details und klaren Linien. Das Holzhaus mit dem blaßgelben Anstrich und weißen Umrandungen ist um einen zentralen Kamin herum gebaut, der das ganze Haus erwärmt.

Ein dunkles finnisches Holzhaus wird eins mit dem Kiefernwald (unten rechts). Nur die Fenster- und Dachumrandungen sind nicht dunkelbraun gebeizt. Die Holzbretter sind an den Ecken miteinander vernutet, so daß sich das Holz bei extremen Temperaturen ausdehnen oder zusammenziehen kann.

Ein Altersheim in Essex (nächste Seite) weist die typischen rosa verputzten Wände der Gegend auf, verzierte Giebel und Dachziegel. Links davon steht eine Reihe älterer strohgedeckter Häuser.

Terrassenbegrünung
Ein schwerer tragender Balken wird hier (links) gestützt durch einen dicken viereckigen Pfosten, der durch Schrägbalken verstärkt ist. Hinter so einer Konstruktion, die eine großartige Kletterhilfe für Glyzinien und andere Ranken ist, lassen sich häßliche Häuserwände oder zu große Fenster verstekken.

Fassadenkletterer
Unattraktive Fassaden gewinnen durch Kletterpflanzen, besonders durch Klematis, wie dieser dichte Blütenkranz demonstriert (rechts). Es gibt mehrere immergrüne Klematisarten, die das ganze Jahr über Sichtschutz und im Frühling und Sommer duftende Blüten bescheren. Pflanzen Sie verschiedene Arten für eine möglichst lange Blütezeit.

Üppiges Blattwerk
aus dem halben Faß, welches dem Trio sich untereinander ähnelnder Vasen voll blühender Geranien Gesellschaft leistet.

Ein Spalierbaum umrahmt ein Fenster (unten). So leicht läßt sich eine langweilige Fassade aufpeppen.

Kletternder Pflanzenschutz

Entscheiden Sie sich vor dem Pflanzen, welche der beiden Arten, die selbst rankenden oder die, welche eine Kletterhilfe brauchen, für Ihr Grundstück in Frage kommen.

Zu den Selbstrankern zählen Kletterhortensien, Efeu und Wilder Wein. Sie sind pflegeleicht, können jedoch bröckelndem Mauerwerk schaden.

Andere Arten wie Klematis, Rosen und Sommerjasmin benötigen Spaliere oder Draht und sorgfältige Pflege, lassen sich aber auch problemlos entfernen.

Baustoffe

Holz ist oft das billigste und am einfachsten zu beschaffende Material. Es liefert überall auf der Welt das Rahmenwerk für Gebäude und hat in Nordamerika, Australien und Neuseeland das Baumaterial für den typischen Bungalow abgegeben. Wie die Bauernhäuser aus Stein in Europa, so ähneln sich die Holzbungalows im Prinzip, unterscheiden sich jedoch nach regionalen Gegebenheiten. Die Verandas in Neuseeland sind z. B. im allgemeinen schmaler als die australischen, wo ein heißeres Klima herrscht. Dort nutzt man die Verandas nämlich als Außenzimmer – zum Essen oder auch Wohnen. Die Art der Verzierung – Gußeisen oder bemaltes Holz – richtet sich nach dem, was die Firmen oder Handwerker am Ort jeweils zu bieten haben.

In den Bauernhäuschen in Europa ist Stein der vorherrschende Baustoff. Kleine zweistöckige Katen in Irland sind aus Feldsteinen errichtet. Der gelbliche Kalkstein in den Cotswolds und die roten und ockerfarbenen Steine im Roussillon in Südfrankreich, ebenso wie der Sandstein texanischer Ranches, kommen als große Blöcke aus den örtlichen Steinbrüchen. Auch an den Dächern erkennt man den regionalen Charakter: In den Cotswolds verwendet man Schiefer, am Mittelmeer runde rote Dachziegel, und das texanische Haus aus Stein und Mörtel hat ein Dach aus Holzschindeln. In manchen Gegenden sind die Steinwände stuckverziert oder mit einer bunten Mischung aus Erde und Sand.

Aus Lehmziegeln, Adoben, entstanden in Mexiko und im Südwesten der USA niedrige Häuser mit Flachdächern. Die Technik ist von den Ureinwohnern überliefert und von den Spaniern so übernommen und verfeinert worden. Sie vermischten die Erde und den Sand mit Stroh und formten daraus Ziegel, die in der Sonne trockneten. Die Methode brachten sie aus Nordafrika mit.

Gebrannte Ziegel in der vertrauten rechteckigen Form waren in ganz Europa und Teilen der Neuen Welt verbreitet. Europäische Siedler, vor allem Holländer, importierten Ziegel und entsprechende Herstellungstechniken nach Amerika. Sie brachten auch die geformten Giebel und Backsteinmuster mit: Rote und graue Ziegel wurden zu Mustern oder zum flämischen Verband zusammengesetzt, in dem die Setzstufe (das kurze Ende) und der Strecker (die lange Ziegelseite) sich abwechseln.

Giebel
Die unterschiedlichen Töne von Naturmaterialien zeigen die Schieferplatten auf diesem Spitzdach (oben).

Lineare Komposition
Holzwände aus breiten senkrechten Brettern haben unter Witterungseinfluß eine unregelmäßige Färbung angenommen.

Reetdach
Zum schilfgedeckten Dach gehören traditionell weiß verputzte Wände (hier ein Bild aus Frankreich).

Eisen und Putz

Bei der Fassadengestaltung kommt es auf den Gesamteindruck an. Der kunstvoll geschmiedete Türklopfer (oben) zeigt wieder einmal, wie einfühlsam Materialien im Handwerk verarbeitet werden können.

Bei diesem Fachwerk (oben rechts) kontrastiert die lehmverschmierte weiße Wand mit dem altersgrauen Gebälk.

Ziegel und Holz

Ein Fischgrätmuster aus sehr langen, schmalen, gebrannten Ziegeln (oben links) in dünnem Beton wird von dicken ockerfarbigen Balken eingerahmt.

Eine einfache verwitterte Holztür (oben rechts) aus grob geschnittenen Brettern wurde durch einen Querbalken verstärkt und mit Eisenbeschlägen gesichert.

Textur und Farben

Läden von außen
Weiße Fensterrahmen (oben), umrahmt von Naturstein vor rostrotem Putz. Das leuchtende Blau der Klappläden steht im scharfen Kontrast zum rostfarbenen Putz, da sich beide Farben im Farbkreis gegenüberliegen.

Farbe von innen
Die verschalte Fassade dieses Hauses in Connecticut aus dem achtzehnten Jahrhundert (rechts) besteht aus waagerecht verlegten überlappenden Holzleisten. Rot ist die Traditionsfarbe amerikanischer Farmen. Der Farbkontrast entsteht hier durch die innen liegenden Fensterläden.

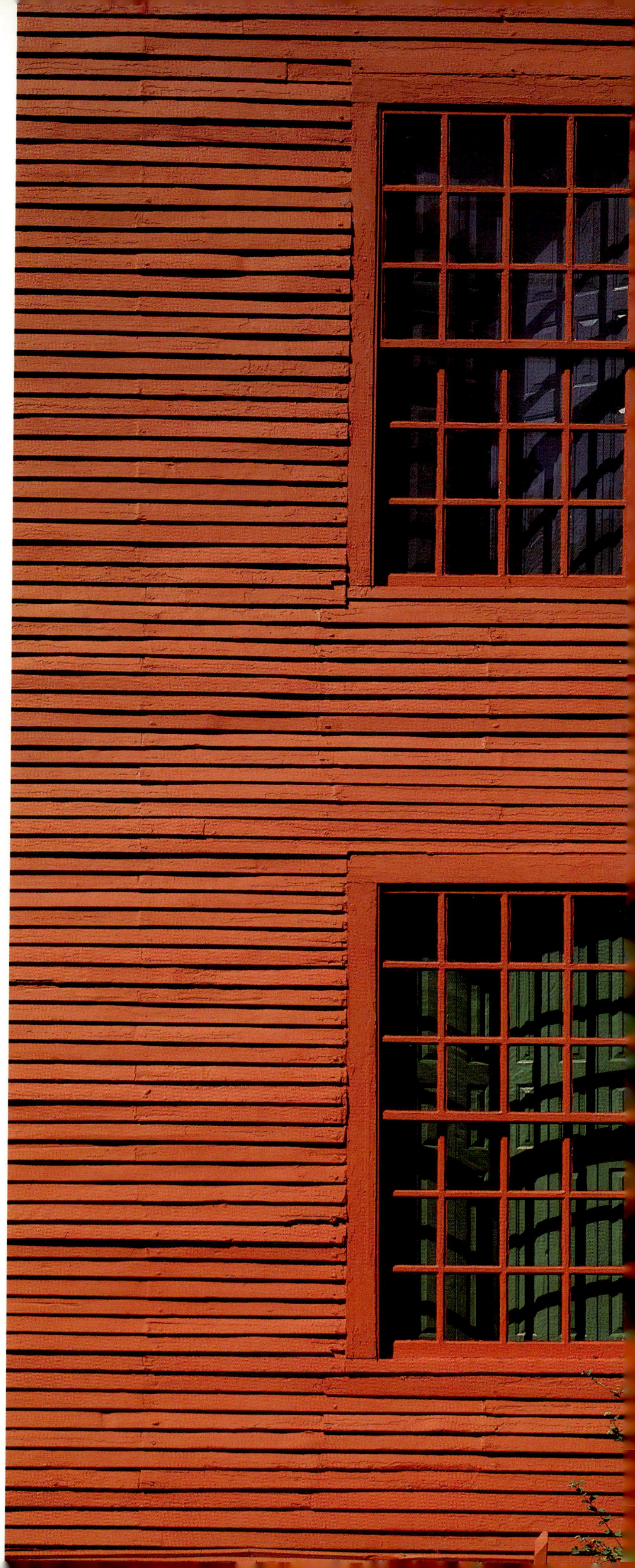

Das Wechselspiel unterschiedlicher Materialien – Ziegel und Mörtel, grob behauene und geschliffene Steine, verputzte Wände und bemaltes Holz – macht den besonderen Reiz des Landhauses aus.

Jeweils unterschiedliches Material wird verwendet für Wände, Fenster- und Türumrahmung; ein drittes für das Dach, und noch ein weiteres für Ziereffekte: bemalte, grob verputzte Wände mit facettiertem Eckstein, stuckverzierte Fenster und Türen, unregelmäßige Steine in feinkörnigem Mörtel mit hölzernen Fenster- und Türrahmen und einem Ziegeldach in Italien. Oder das Material wird in verschiedene Formen geschnitten. Waagerechte Holzlattenverschalung in Kombination mit Schindeldach und Ziergiebel sind dafür ein schönes Beispiel. In Lehmziegelhäusern sind Tür- und Fensteröffnungen durch runde Einkerbungen im Mauerwerk oder durch einen breiten Farbstreifen betont.

Die Farbe eines Hauses sollte mit der Umgebung harmonieren, sonst wird es zum Störfaktor. Bevor Sie ein Haus modernisieren, sehen Sie sich die Farben der Umgebung an und erforschen Sie die örtliche Tradition. Die Zinnober-, Ocker-, Grün- und Krapprosatöne der Landschaften in Frankreich, Irland und England weichen zum Mittelmeer hin klareren Farben. In Nordamerika reicht die Palette von Weiß über Rot bis Schwarz. Die Mexikaner kombinieren gern warme Töne mit starken Farben, Rot und Gelb, Rot und leuchtendes Pink, Blauviolett mit Smaragdgrün. Die Griechen und die Skandinavier nutzen das strahlende Weiß zur Betonung Himmels- und Meeresblau.

Um einer Fassade ein interessanteres Kleid im Country-Look zu verpassen, braucht man nur Farbe und Struktur. Unpassende Farbe wird entfernt und durch bessere ersetzt. Spaliere können einen Torweg verschönern, Kletterpflanzen bringen Abwechslung an Farbe und Struktur. Ein Backsteinbungalow läßt sich weiß anstreichen oder mit Efeu beranken, große Fenster versteckt man durch eine Pergola oder eine Veranda, Eingänge werden freundlicher durch Pflanzen oder hohe Tontöpfe. Eine kostenaufwendigere Alternative zum Bemalen oder Tünchen der Wände ist die Stuckverzierung.

Bambussprossen
Ein Vorhang aus Bambusstückchen wirkt ungewöhnlich (oben) und ist gleichzeitig Windspiel vor der blauen Tür. Nicht weniger intensiv strahlt oben der blaue Himmel von Ibiza.

Ländliche Farben
Das stärkere Licht auf dem Land verführt zu Farben, die in der Stadt fehl am Platz wären: ein himbeerfarbener Fensterladen (oben rechts) kontrastiert mit senffarbenem Putz; das Meergrün der Tür ist die Komplementärfarbe der gelbgrünen Weinblätter; eine grellgelbe Wand liefert einen prächtigen Hintergrund für die Terrakotta-Urne.

Fenster und Türen

Türen und Fenster verleihen einem Gebäude Charakter. Ihre Anordnung und Größe beeinflussen den Gesamteindruck der Fassade. Traditionell basieren sie auf den Proportionsregeln. Die Regeln sind einfach und universal, die Shaker verstanden sich darauf genauso wie die Mexikaner, die australischen Siedler und der Bauhandwerker in einem deutschen Dorf: Sie legen das Verhältnis von Türen und Fenster zueinander, Größe und Form des Dachs in bezug auf die Wände des Hauses fest und auch welche Verzierung jeweils dazu paßt.

Zu breite oder große Fenster lassen sich durch halboffene Läden oder schwarz gestrichene Fensterkreuze verändern. Fensteröffnungen schmaler oder kleiner Holzfenster wirken größer durch weißen Anstrich und offene Läden. Niemals aber passen Aluminiumrahmen zu Landhäusern.

Oft liegt das Haus von der Straße aus hinter einer hohen immergrünen Hecke, einer Ziegelmauer oder einem gestrichenen Lattenzaun verborgen. Vom Torweg aus liegt die Haustür im Blickpunkt, quasi als Visitenkarte. Eine unpassende Tür verdirbt das ganze Haus. Am besten ersetzt man sie durch eine andere und gestaltet den Eingangsbereich freundlicher mit Kletterpflanzen und üppigen Lavendelbüschen. Ebenso wichtig ist die Farbe, die mit der Struktur der Wände und dem vorherrschenden Licht harmonieren sollte. In kälteren Ländern sind kühle schlichte Farben beliebt – Dunkelgrün, Schwarz oder Rot –, in sonnigerem Klima eher sanfte Blau- und Grün-, Rosé- und Gelbtöne. Ländliches Wohnen muß sich auch nicht sklavisch an die regional üblichen und überlieferten Details binden, was Formen und Farben anbelangt. Erfolgreich können auch aus dem Gefühl oder Instinkt heraus scheinbar unpassende Accessoires wirkungsvoll zusammengestellt und arrangiert werden. Ein Sammelsurium von Objekten aus allen Epochen – Terrakottagefäße, Marmorsäulen, Kreuzblumen aus Holz, ein Wetterhahn – trägt zum besonderen Charme des Eingangs bei.

Auf und zu

Mit einfachen Mitteln bekommen Fenster und Türen den „Landhaus-Appeal".

Gipsfiguren (ganz links) bewachen die geflieste Fensterbank. Die hellgrauen Schlagläden harmonieren farblich mit der Naturstein-Wand.

Schön und schlicht ist diese Innentür (links) mit tiefliegenden Fenstern und dem Spitzenschal als Gardine. Die leuchtend blaue Außentür steht dazu in starkem Kontrast. Den sanft geschwungenen Torbogen schmückt eine cremefarbene Umrandung.

Neuenglische Schule

Genauso stellt man sich eine Schule in Neuengland (USA) vor: weiße Holzverschalung, schlichte blaugrüne Fensterläden, ein Schindeldach und drumherum ein weißer Staketenzaun. Elegant und funktional vereinigen sich die Elemente ohne jeden Firlefanz zu einem Ganzen.

FLOUR

DIELEN UND TREPPEN

Gedämpfte Töne

Eine so großzügig angelegte Diele wie diese kann auch als Eßzimmer dienen. Ausgetretene Steinfliesen und architravartige Balken rufen Erinnerungen an längst vergangene Zeiten wach. Körbe und hölzerne Buttermodel zeugen von der Schönheit alltäglicher Gebrauchsgegenstände.

Natürliche Materialien und ein gemütliches, ungezwungenes Interieur, das sich im Laufe der Jahre fast von selbst eingefunden hat, sollte den Besucher schon beim Öffnen der Haustür begrüßen.

Bei einigen Landhäusern kann man schon vom Eingang aus durch die große Diele hindurch bis zur Gartenseite des Hauses sehen. Aus den geöffneten Stubentüren der angrenzenden Zimmer darf das Licht in die Diele fallen und so ein reizvolles Wechselspiel von Licht und Schatten hervorrufen.

In anderen Häusern ist die Eingangsdiele durch schwere Vorhänge oder Türen als Windfang vom übrigen Haus abgetrennt und die Geheimnisse dahinter enthüllen sich nur nach und nach.

Der Charakter der Dielen und Stiegenhäuser wird stark von gewählten Material bestimmt, durch Farben, Musterung und Texturen. Bei engen Wohnverhältnissen, wie sie für Neubauwohnungen typisch sind, kann es großzügig, vielleicht sogar etwas extravagant zugehen: Für den Eingang wählt man eine Marmorierung der Wand, die direkt auf den Putz aufgebracht wird, einen Steinfußboden z.B. aus Schiefer. Dann folgt Eichenparkett oder ein Dielenboden vom Eingang bis zur Hintertür.

Dezente Tapeten und Orientbrücken und -galerien schmücken Flure und Treppen.

Holzhaus in Norwegen

Viele verschiedene Holz- und Farbtöne geben diesem Flur Wärme. Der Effekt verstärkt sich durch die Flickenteppiche auf dem Boden und an der Wand, die alte Truhe mit Feuerholz, den bemalten Sekretär und schöne alte Stühle.

Gut getarnt

Hellgraue Wände verbergen die in der gleichen Farbe gestrichenen Schranktüren. Ein Schrank bildet eine interessante verwinkelte Ecke.

Flure

Alte Vertäfelung
Von nahem betrachtet wirkt diese altersbedingt dunkle Holzvertäfelung (links) noch eleganter. Sie ist ganz einfach konstruiert. Ein Stuhl aus dem neunzehnten Jahrhundert mit geflochtenem Sitz und ein Teetisch runden das Bild ab.

Hinter Schloß und Riegel
Schwere Eisenscharniere und -riegel demonstrieren Stärke (oben). Die zartgrüne Farbe der Tür steht dazu im krassen Gegensatz. Ebenso auch das weiche Licht, das von oben hereinfällt. Wunderschöne graugrüne und cremefarbene Fliesen und ein bemalter französischer Sessel mit geblümtem Polster beleben die Szene.

Der Flur eines Landhauses bildet den Übergang zwischen Draußen und dem warmen Drinnen. Die Fußböden sehen hier nicht nur besonders gut aus, sie sind auch aus unverwüstlichen Materialien: Holzdielen oder -parkett, ausgetretene Fliesen- und Steinfußböden in warmen Tönen, roter Backstein oder schwarzweiße Kacheln, sehr oft auch ergänzende Läufer oder Matten, die Abwechslung hineinbringen. Gestrichene, tapezierte oder bespannte Wände dürfen in Eingangsfluren gern extravaganter ausfallen als in anderen Gängen: Trompe-l'oeil-Malerei, eine halbhohe Wandverkleidung aus bunten Steinfliesen oder wunderschöner Holzvertäfelung. Seit alters her stehen hier Garderoben und Schirmständer, oft auch eine Ablage für Briefe und Papiere, die sich mit einer blauweißen Schale voller tiefroter duftender Blütenblätter oder einer gläsernen Kugelvase mit rosa Rosen schmücken läßt.

Im Idealfall – in den größeren Landhäusern – ist der Eingangsflur groß und geräumig, mehrere Seitengänge führen in den privaten Bereich des Hauses und eine prächtige Treppe zu den oberen Stockwerken. In einer mittelalterlich anmutenden Diele mit Holzvertäfelung und Steinfußboden besteht das Mobiliar etwa aus einer Holzbank mit drei oder vier Sitzen mit vertäfelter Rükkenlehne und Balusterbeinen und einem langen Eichentisch oder einem alten Sideboard oder Büffet. Die Italiener stellen eine solide, aber durchaus elegante steinerne Gartenbank vor blasse ocker-rosé-farbene Wände. Zum amerikanischen Stil gehören im Eingangsbereich weiße Wände, ein Schachbrettboden, alte Tische, Truhe oder Schränke und Gemälde mit ländlichen Szenen.

In vielen Bauernhäuschen gibt es eine zweite Tür als Windfang und Kälteschutz, welche die Diele vom übrigen Haus trennt. Meist handelt es sich um Glastüren, die von Fenstern eingerahmt sind. Die Scheiben sind getönt oder farbig. Das paßt sehr gut zu einem Eingang, der in einen engen Flur mündet. Um einen langen Gang optisch zu verkürzen eignet sich ein dekorativer Bogen. Dicke Gardinen können die Grenze zwischen den allgemein zugänglichen Räumlichkeiten im vorderen Teil des Hauses und dem Schlafzimmer- und Küchentrakt hinten markieren.

Schaffen Sie ausreichend Stauraum für Mäntel, Schirme und Winterstiefel im Eingangsflur. Wenn es der Platz zuläßt, können Sie alles in einem besonders edlen Möbel unterbringen, z.B. in einem großen Schrank mit geschwungener Front, einem besonders schönen Kleiderschrank oder einem antik bemalten Eckschrank. Einbauschränke lassen sich aus schön gemasertem oder bemaltem Holz herstellen. Das ist eine gute Lösung für Miniflure, wo es kaum zusätzlichen Platz gibt. Auf derart engem Raum streicht man die Schränke in derselben Farbe wie die Wände. Weißer Anstrich oder helle Farben lassen den Raum größer erscheinen.

In vielen Wohnungen sind die Flure nur klein, ohne Treppe und weitere Gänge. Dort läßt sich mit Hilfe von Steinfliesen, Backsteinen im Fischgrätmuster oder Dielenbrettern der Landhausstil am Fußboden andeuten. Wände und Türen gestaltet man zurückhaltend.

Oft diktieren Sicherheitserwägungen das Aussehen der Türinnenseite. Eine massive Metalltür läßt sich hinter einer rustikalen Innentür oder durch dekorative Holzkassetten verbergen.

Rumpelkammern
Ein hochhängendes Garderobenbrett in einem hinteren Flur (ganz links) schafft Ordnung auf engstem Raum. Die Einkaufskörbe hängen an Haken von der Decke herab.

Eine geräumige Diele vor dem Hintereingang dient gleichzeitig als Gästezimmer. Ein Stilleben aus Holzklötzen und Kleidern umrahmt den scheinbar schwebenden Kamin.

Warum sollte man Gummistiefel eigentlich verstecken? Hier (oben) hat man ihnen einen Ehrenplatz zwischen einem antiken Tennisschläger, einem alten Ruderblatt und einem Fischernetz eingeräumt.

Optimale Raumausnutzung in der Diele

In einem Bauernhäuschen wird jeder freie Raum, vor allem auch der in Dielen und unter Treppen, genutzt.

- Stützen Sie bemalte oder lackierte Holzborde durch Leisten oder Winkel aus Holz oder Eisen. Überstreichen Sie Metallwinkel in der Wandfarbe.
- Für Bücher nehmen Sie Reihen schmaler Bretter oder Regalsysteme, die Sie an den Flurwänden anbringen. Schubladen lassen sich durch Weidenkörbe auf breiteren Borden ersetzen. Marmelade und Eingemachtes kommen auf Lattenregale.
- Hängen Sie Mäntel, Hundeleinen und Sportgeräte an Messinghaken unter die Regalböden, an traditionelle Garderobenleisten und Hutablagen (platzsparender als Ständer) oder an eine Hakenleiste.
- Schrauben Sie große Haken in die Deckenbalken für Einkaufskörbe oder Trockenblumensträuße. Befestigen Sie einen altmodischen hölzernen Wäscheständer mit Fleischerhaken an der Decke oder am Treppengeländer, an dem Sie alles mögliche aufhängen können.

Dielen, Gänge und Treppenabsätze

Erdfarben
Der große klassisch geformte Tonkrug (oben) auf dem Wandregal dominiert diesen farbig getünchten Treppenschacht mit seinen vertikalen Balken. Er bildet einen starken Kontrast zu der Sammlung kleiner Glasflaschen und Holzschuhe auf dem Fenstersims.

Da Flure und Treppenabsätze besonders viel benutzt werden, muß man bei der Wahl der Oberflächenbehandlung nicht nur nach der Optik, sondern auch nach der Strapazierfähigkeit gehen. Im Landhaus liegt die Betonung auf Naturmaterialien. Große Bedeutung kommt dem Fußboden zu, der das ausdrucksstärkste Element in diesen Übergangsräumen ist.

Böden von Fluren und Treppenabsätzen können Räume abgrenzen. Extravagante Materialien wie Marmor- oder Cottofliesen markieren den sichtbaren offen zugänglichen Teil des Hauses. Die privaten Räume sind mit weniger teurem Holz, Linoleum oder Teppich ausgestattet. Oder ein mit kleinen dunklen Steinen durchsetzter Marmorflur führt in Räume mit Holzfußböden, die mit Orientteppichen belegt sind. Man kann auch durch den gleichen Fußboden in allen Zimmern ein Gefühl der Kontinuität erzeugen, zum Beispiel mit polierten Holzdielen, oder den in alten Bauernhäusern üblichen Steinfliesen.

Daß der untere Teil der Wand anders gestaltet ist als der obere, ist ein traditionelles und praktisches Merkmal der rustikalen Diele. Bei unverwüstlicher Holzvertäfelung und schweren Prägetapeten streicht man den unteren Teil der Wand in einem dunkleren Ton derselben Farbe, die man für den oberen Teil verwendet. In der viktorianischen Zeit erfreuten sich Kombinationen unterschiedlicher Muster großer Beliebtheit, z. B. große und kleine Blumenmuster. Den unteren Wandsockel kann man auch künstlich herstellen. Die untere Wandpartie wird dunkler gestrichen, in Höhe der Sockelabschlußleiste wird die Wand mit einer Bordüre bemalt.

Bei zu hohen Flurwänden – vor allem in Altbauwohnungen, die in Apartementwohnungen umgewandelt wurden – streichen Sie mit der Deckenfarbe die Wände hinunter bis auf die Höhe der Bilderleiste, um sie optisch zu verkürzen. Ein dunkler Deckenanstrich verstärkt den Effekt, eine weiße oder sehr helle Decke schwächt ihn ab.

Ungewöhnlich geformte Decken und architektonische Merkmale trifft man in Bauernhäusern sehr häufig an, sie werden gern großzügig überspielt: Eine Dachschräge läßt sich mit einem Fries in Schablonenmalerei verzieren, ein asymmetrischer Fenster- oder Türrahmen läßt sich mit einem handgemalten Streifen einfassen, ein rundes Fenster mit einem geschnitzten quadratischen Holzrahmen umranden.

Türen und Türrahmen gestaltet man am besten einfach. Meist sieht abgeschliffenes oder poliertes Holz am besten aus oder auch ein ähnlicher, evtl. der gleiche

Handarbeiten
Blickfang ist hier das Filigranmuster der Brotkörbchen (oben). Darunter stapeln sich lässig Patchworkquilts. Zwei besonders schöne Arten Handarbeit, die zum besonderen Flair des Landhausstils beitragen.

Unter Dach und Fach
Ein geräumiger Kleiderschrank (oben) paßt genau unter die niedrighängende Balkendecke. Diese Nische entstand durch Zumauern einer Tür. Die passend zu den Wänden cremefarbig gestrichenen Balken wirken so weniger erdrückend.

Farbton wie auf den Wänden. Massive Holzkassettentüren mit Glasfenstern lassen mehr Licht in die Diele; schlichte Türen geben einen guten Hintergrund für Trompe-l'oeil- oder Schablonenmalerei ab.

Treppenabsätze bleiben oft toter Raum, ideal für das Aufbewahren einer besonderen Sammlung oder als Abstellfläche. Schmale dreieckige Schränke nach Maß lassen sich in die Treppenschrägen einbauen, Truhen auf engen quadratischen Treppenabsätzen dienen gleichzeitig als Sitzbänke. Hohe schmale Sideboards oder Serviertische eignen sich gut zum Präsentieren von allerlei Vasen mit frischen Blumen und Gräsern.

Treppen

Die Treppe ist das Aushängeschild einer Einrichtung im Landhausstil. Häufigste Stilvariante ist die Treppe mit einer Stufenbreite von einem bis anderthalb Metern, mit senkrechten Balusterstäben oder geschlossenem Geländer mit eher einfachem Endpfosten. Variationen zu diesem Thema sind gedrechselte und handgeschnitzte Stäbe und Pfosten, gerillte Geländerstangen und geschnitzte oder bemalte Seitenpaneele. Zentral gelegene Treppen mit Absätzen wirken imposanter als Stufen, die sich an der Wand hochziehen. Das andere Extrem bilden einfache Leitern zum Dachboden.

Die Standardtreppe in einer australischen Villa, einem Holzhaus in Neuengland oder einem englischen Cottage des neunzehnten Jahrhunderts bleibt blank poliert oder bemalt, eventuell mit einem gekettelten – rutschfesten – Läufer belegt. Dadurch kommen die Wellenbewegung der Treppenlinien und das Spiel von Licht und Schatten zwischen Auftritt und Setzstufe sehr schön zur Geltung. Die Shaker verzierten die Setzstufen mit Mustern und ließen das Holz von Auftritt

Falsche Tatsachen
spiegelt das detailliert gemalte geometrische Muster auf dieser Treppe vor, eine sehr effektvolle Alternative zum Läufer. Damit es nicht allzu bunt wird, sollte das Drumherum schlicht bleiben. Hier wurde Weiß dafür gewählt.

Klassische Linien
Ein graues Dreieck bilden die Fußleisten mit den Treppenstufen (rechts). Dieses einfache Schmuckelement betont die klaren Linien einer schlichten Holztreppe.

und Geländer unbehandelt. In mexikanischen oder italienischen Bauernhäusern bestehen die Treppen aus hartem Material wie Beton oder Stein. Sie sind kalt und massiv. Die Italiener lassen den Stein im Naturzustand, die Mexikaner bemalen ihn wie Decken und Wände, manchmal in grellen Farben.

Wandvertäfelungen laufen oft die Treppe entlang, reichen aber in der Regel nur bis zur Abschlußleiste des unteren Wandteils. Fußleisten oder ähnliche lineare Schmuckelemente verzieren die seitliche Treppenwand. Gelegentlich laufen diese Linien im oberen Stockwerk waagerecht aus; eine interessante Fläche, wie geschaffen für ein Wandfries oder Ornamente.

Die äußere Treppenwand, oft die höchste durchgehende Wand des Hauses, eignet sich als Galerie für lebensgroße Porträts oder Landschaftsmalerei, für Sammlungen von Spazierstöcken oder antikem Zaumzeug. Strohhüte, Stiefel, Hirtentaschen oder Regenschirme sind immer griffbereit, wenn man sie an einer zwischen die Stäbe gespannten Leine aufhängt.

Der Weg nach oben
führt im linken Bild über eine wunderschöne Steintreppe, deren architektonische Qualitäten jede Ausschmückung überflüssig machen. Die Stufen aus regelmäßigen Steinblöcken verbreitern sich zum Ende hin und laden zum Sitzen ein.

Blickfang im oberen Bild ist die reich verzierte geschnitzte Balustrade, die den Kokosläufer einrahmt. Die scharfe Wendung erzeugt eine klare, kunstvolle Linie. Rustikale Körbe schmücken die Abseite. Dieser Raum bleibt sonst oft ungenutzt.

Stolz und kühn

Moderne Züge in einem mexikanischen Haus: Ein Treppengang ist um offenbar tragende Balken herumgebaut. Die schlichte Treppe ist harmonisch abgestimmt auf das restliche Interieur – rosafarbene, grobstrukturierte Wände, massiv verarbeitetes Holz bei Fußboden und Balkenwerk – selbst das Sonnenlicht, das wellenartige Schatten durch die Dachsparren wirft, wird miteinbezogen.

A la Française

Zwei ungleiche Treppen (ganz rechts) wurden in die oberen Stockwerke dieses alten französischen Landhauses maßgerecht eingebaut. Wie eine spontane Eingebung mutet die zusätzliche Stufe an, die mehr Platz schafft. Die Auftritte sind mit ausgetretenen Terrakottakacheln gepflastert und mit Holz eingefaßt, die Setzstufen wie die Wände getüncht.

Setzstufen

Da die Setzstufen nicht abgenutzt werden, lassen sie sich kunstvoll gestalten. Die simpelste Methode wäre, sie weiß oder cremefarbig zu streichen und die Holzauftritte nicht zu behandeln. Effektvoller nehmen sich Schablonen- oder handgemalte Ornamente aus.

- Ein einfaches Schmuckmotiv, etwa ein Vogel, kann jeweils in die Mitte gesetzt werden.
- Jede Stufe kann auch mit verwandten Motiven aus einer Serie verziert werden, zum Beispiel mit Blumen, Spielzeug oder Tieren.
- Bemalen Sie die Stufen ganzflächig mit Mustern. Zweifarbige geometrische Formen oder italienisches Design passen gut.

Statt die Setzstufen zu bemalen, kann man auch Metallschablonen mit traditionellen Motiven, Wetterfahnen, Häusern, Sternen oder Herzen daran anbringen oder sie mit wunderschönen Kacheln verzieren, die zum Betreten zu empfindlich sind.

WOHNZIMMER

Landhausstil pur

Die bewußte Mischung von Farben, Mustern und Materialien in dieser Wohnstube (links) ist Landhausstil in Reinkultur. Der vom Boden bis zur Decke reichende Stapel Holz ist gleichzeitig witzig und praktisch. Besonders ins Auge fällt der verschnörkelte eiserne Schlüssellochbeschlag auf der bemalten Tür (oben).

Wer würde sich da nicht wohlfühlen: Man sitzt gemütlich im chintzbezogenen Lehnstuhl vor dem prasselnden Kaminfeuer. Die Schatten der Flammen tanzen an der Wand, der Hund liegt zusammengerollt vor dem Kamin, Bücher liegen auf Tischchen und Fußboden verstreut, und der Duft der Gartenblumen vermengt sich mit dem würzigen Rauch der brennenden Holzscheite.

Eine rustikale Wohnstube strahlt Behaglichkeit und Gastlichkeit aus. Die Attraktivität von Naturmaterialien, handgearbeiteten Möbeln und regionalen kunstgewerblichen Objekten sowie der von der Landschaft inspirierten Farben und Muster liegt in der gelungenen Kombination von Traditionellem, Persönlichem und bunt Zusammengewürfeltem. In städtisches Ambiente paßt sie ebensogut wie aufs Land, und da sie sich nicht sklavisch an einen Stil oder eine bestimmte Architektur hält, harmoniert sie mit jeder beliebigen Wohnung.

Oft wird die ganze Wand weiß angestrichen, auch wenn sich die Struktur ändert, wie z.B. durch eine Sockelwand oder Bilderleiste. Manchmal hebt man die architektonischen Gegebenheiten besonders hervor, durch gemusterte Tapeten oder Farbwechsel. Effekte lassen sich auch vortäuschen: Der untere Teil einer Wand kann wie eine Steinmauer aussehen, eine Bilderleiste läßt sich durch eine schablonierte Bordüre oder einen dicken Farbstreifen ersetzen.

Dunklere Farben wirken unter Umständen schwer und düster. Dann lockert man die Farbe auf, indem man sie über einen helleren oder kontrastierenden Untergrund aufträgt, wie z.B. bei solchen Techniken wie Tünchen, Wickeln und Tupfen. Diese in Landhäusern häufig verwendeten Anstriche lassen die Wände lebendig wirken. Für Fußböden besitzen verschiedene Materialien zeitlose Schönheit: gestrichene Dielenbretter, ein gewachstes Eichenparkett mit weicher Patina, riesige Steinfliesen, glasierte, im Fischgrätmuster verlegte Ziegel und die traditionellen Steinfliesen in warmen Tönen bilden buchstäblich eine solide Grundlage für ein rustikales Wohnzimmer. Weniger schöner Bodenbelag kann mit Teppich- oder Kachelmustern oder großen Blumen oder in kühnen Kontrastfarben bemalt werden. Auslegeware wirkt besser, wenn sie durch Läufer aufgelockert wird: geknüpfte folkloristische Teppiche mit abstrakten oder Blumenmustern, bunte Flickenteppiche, orientalische Teppiche und Kokosmatten kommen in Betracht. Ein großer Teppich kann den ganzen Boden bedecken, kleinere sehen gut aus vor dem Kamin oder bei einer Sitzgruppe.

Praktischer Komfort
Dieses Vielzweckzimmer (links) ist der am häufigsten genutzte Raum im ganzen Haus. Dort entspannen sich die Besitzer, empfangen Gäste, sehen fern und arbeiten. Die gesamte Einrichtung ist entsprechend vielseitig gehalten.

Farbstrategien
Gedämpfte Pink- und Orangetöne sind in diesem farbenfrohen Wohnzimmer (oben) mit einer Vielzahl von Materialien kombiniert – grob verputzte Wände, Balken, poliertes Mahagoni, gewebte Kelims, Baumwolle und eine Häkeldecke.

Dunkle Möbelstücke und kunstgewerbliche Objekte verhindern, daß alles in diesem Zimmer in einem Meer von Weiß versinkt (nächste Seite).

Farbe, Textur und Muster

In altem Glanz

Die Fensterläden an diesem Haus aus dem achtzehnten Jahrhundert (oben) sind im traditionellen Blaugrau gestrichen. Die von Hand bedruckte Tapete nimmt die Farbe wieder auf.

Mittelpunkt dieser französischen Wohnstube (rechts) ist die blau und orange bemalte Zimmerdecke, an der sich Vögel und Blätter zwischen konventionelleren Florentiner Motiven tummeln. Die ungezwungene Eleganz des Zimmers beruht eher auf der optischen Wirkung der Materialien als auf den Farben.

Das Spektrum besteht aus den warmen Farben – Rot-, Orange- und Gelbtöne – und kühlen – Blau-, Grün- und Violettöne. In sehr heißem Klima werden die farblich stärksten Varianten benutzt. Überall sonst bevorzugt man sanfte und gedämpfte Farben für das Interieur, Pink, Blaßgrün, weiches Gelb, Kobaltblau, Ocker. Doch lebhafte intensive Farben spielen auch hier eine Rolle: leuchtendes Rot und himmelblaue Flicken in einem Quilt oder ein smaragdgrün gestrichener Wandsockel.

Die Steinwand oder blaßgelb gestrichene Wand ist immer unregelmäßig. Die Farbe ändert sich mit der Textur des Materials, und das einfallende Licht beeinflußt die Farbdichte. Das Landhausinterieur verdankt seinen Charme vor allem der strukturellen Schönheit der Naturmaterialien und dem Wechselspiel der Kontraste: eine bemalte Ziegelmauer vor matt lackierten Fensterrahmen, der im Schachbrettmuster gekachelte Boden neben einem Sesselbezug aus Grobleinen, eine Zimmerdecke, um welche sich eine dekorative Stuckverzierung zieht.

Eine weitere Dimension wird durch Muster hinzugefügt. In viktorianischer Zeit verstand man sich auf die Anhäufung von Mustern. Es entstand eine Mischung aus großen und kleinen Dessins, geometrischen und folkloristischen Motiven. Wände und Fußböden wurden mit wunderschönen Bordüren eingerahmt, das Ganze wurde optisch zusammengehalten durch ein, zwei gemeinsame Farben. Das Tapetenmuster änderte sich etwa in Höhe der Abschlußleiste des unteren Wandteils oder an der Bilderleiste. Die Decke wies noch ein anderes Muster auf. Prächtige Läufer lagen auf dem Fußboden.

Mit sicherem Gespür läßt sich auch das Interieur im Country-Look gestalten, alles harmoniert eher wie zufällig, ohne die Hilfe des Fachmanns. Die Wände sind blau gestrichen, ein altes Erbstück, ein tiefrot und blau gemusterter Orientteppich bedeckt den Boden, ein Bugholzstuhl aus der Rumpelkammer gesellt sich zum Mahagonitisch vom Trödler und eine Patchworkdecke möbelt das Sofa mit dem Kattunbezug auf. Batikvorhänge in Indigoblau könnten zwar Verwirrung stiften, doch da sich die dominante Farbe im Teppich und im Quilt wiederholt, stören sie nicht.

Für die blaue Stunde
Blau ist im Landhausstil sehr beliebt, besonders in Kombination mit Weiß und Creme (links). Es liefert einen kühlen Hintergrund für lebhafte Farbakzente: leuchtendes Rot in den Kelims, der orangerot glasierte Krug und die rote chinesische Schale. Stark geometrische Muster halten alles zusammen.

Kamine

Vor einem warmen Feuer versammelt man sich gern zu geselliger Runde. Der unbestrittene Brennpunkt im wahrsten Sinne des Wortes bleibt, auch aus architektonischen Gesichtspunkten betrachtet, der Kamin.

In den ersten amerikanischen Häusern baute man sie aus Ziegelsteinen, der Sims war in eine vertäfelte Wand eingelassen; oft waren sie groß, schon mit Rücksicht auf die riesigen Kochtöpfe. Rudimentärer fallen die Öffnungen in manchen englischen Häusern aus, mit großem Stützbalken und einfachen Holzsimsen, die von Hand oder mit Schablonenmalerei verziert sein können. In Lehmziegelhäusern sind kleinere Bogenöffnungen üblich; diese plastischen Nischen können sich mitten im Raum oder in der Ecke befinden.

Die Franzosen verwenden gern Ziegelsteine mit Fischgrätmustern als Schmuckelement im Inneren des Kamins, dazu ein Sims aus Stein oder Marmor. Holzscheite liegen auf sogenannten Kamin- oder Feuerbökken; das sind zwei Eisenständer. Gelegentlich findet man dekorative gußeiserne Platten mit eingebautem Rost vor den Ziegeln, manche haben eine Bordüre aus

Ein Sims mit Spitzen
Eine handgearbeitete Spitzenborte schmückt das Kaminsims voller Porzellan und Steingut (ganz links). Hübsche viktorianische Krüge hängen an Haken, Trockensträuße in bunten Herbstfarben hängen vom alten Wäschetrockner herab.

Lodernde Flammen
Der große Kamin spielt die Hauptrolle in diesem Wohnzimmer (links). Das hohe, lederbezogene Feuergitter aus Messing bietet nicht nur ein warmes Plätzchen am Herd, sondern schützt auch kleine Kinder.

Kacheln. Große Kamine sind meist aus Stein oder Ziegeln erbaut und stehen etwas erhöht. In kleineren und eleganteren Kaminen wurden auch Marmor, Schiefer oder Kacheln verarbeitet.

Ein wunderschöner Kamin verzaubert einen unscheinbaren Raum. Er muß vom Fachmann installiert sein, und der Schornstein muß auf Risse und Sicherheit überprüft werden. Sollte kein funktionstüchtiger Schornstein vorhanden sein, bleibt der Kamin ein architektonisches Stilelement. Verteilen Sie Scheite auf messingverzierten Kaminböcken; füllen Sie den Rost mit Tannenzapfen, Trockenblumen oder Obst und Gemüse aus Holz; hängen Sie einen Wandteppich davor, oder stellen Sie einen handbemalten Feuerschirm auf. Folkloristische Objekte wie Wetterhähne oder bemalte Holztiere, Treibholz und seltsam geformte Steine schmücken den Kaminsims wie Kunstobjekte.

Auf dem Sims lassen sich auch Uhren, Skulpturen, Leuchter und Leuchten, Bilder und Familienfotos, Miniaturen, Souvenirs und Keramiken arrangieren, Blumensträuße hängen kopfüber zum Trocknen darüber.

Ohne Frage ist ein echtes Feuer höchst romantisch, das Anfeuern und Saubermachen aber eher eine Last. Praktisch sind auch die traditionellen, bei den Skandinaviern sehr beliebten Dauerbrenner. Sie haben eine höhere Heizkraft als offene Kamine und können ans Heißwasser- und Zentralheizungssystem angeschlossen werden. Meist sind diese Öfen weiß emailliert, oft mit zauberhaftem Dekor. Sie stehen in einer Ecke oder Nische im Wohnzimmer.

Möbel

Schöner sitzen
Ein Windsor-Schaukelstuhl aus dem 18. Jahrhundert (links) mit hoher, runder Rükkenlehne ist ein typischer „Landsitz“.

Zum Landhausstil gehört immer auch ein Sitzmöbel aus Korb. Ein weißer Anstrich und ein weiches Polsterkissen geben den letzten Schliff (unten links).

Eine schöne Tagesdecke oder ein Bettüberwurf (rechts) verzaubern selbst das häßlichste Sofa, lockern die Atmosphäre auf und können mit den Jahreszeiten wechseln.

Ein neues Kleid für einen alten Sessel entsteht im Handumdrehen aus dickem Baumwollstoff, schwerem Leinen, Drillich oder satiniertem Chintz. Stolz präsentiert sich dieser Lehnstuhl mit seiner weißen Schürze (rechts außen).

Vor allem auf bequeme Sitzgelegenheiten kommt es im Wohnzimmer an. Hier möchte man sich einfach fallen lassen, sich vom Alltagsstreß erholen.

Unschlagbar sind nach wie vor die altmodischen, ausladenden (und ebenso einladenden) Sofas und Armsessel, mit guten Sprung- und vielen Daunenfedern ausgestattet, die allerdings in kleinen Räumen übermächtig wirken können. Hier wählt man besser elegante Zweisitzer oder eine modernere Variante. Auf jeden Fall sollte man Wert auf bequeme Polsterung legen. Die Höhe der Armlehnen ist wichtig, wenn man viel lesen will. Testen Sie vor dem Kauf, ob Sie in der richtigen Höhe ein Buch ablegen können. Auch Sitzhöhe und -tiefe sollten Sie überprüfen. Ihre Füße sollten bequem auf dem Boden stehen, wenn Sie sich im Sessel oder auf dem Sofa ganz zurücklehnen.

Wetterfeste Korbmöbel, Schaukelstühle aller Art (z. B. aus Bugholz), Lloyd-Loom-Stühle, Möbel aus Rattan oder klobigem Bambus, Ohren- und Clubsessel, alle möglichen polierten und lackierten Sitzbänke und moderne Ledersofas fügen sich ebensogut ins rustikale Ambiente ein, wie eingebaute Holzbänke mit oder ohne Rückenlehnen oder schöne Gobelinstühle und Ottomanen (niedriges Liegesofa).

Die Nischen zu beiden Seiten des Kamins bieten traditionsgemäß viel Platz zum Aufbewahren von Büchern, Zeitschriften, Schallplatten und Stereoanlagen. Vor Kinderhänden schützt ein niedrig hängender Wandschrank – offen oder mit Glastüren – unter den Borden. Besonders gut machen sich auch freistehende Bücherregale aus hellem Holz oder dicke Regalböden, die in die Wand eingelassen sind. Besitzer einer umfangreichen Bibliothek lassen die Bücherwand bis zur Decke reichen und über den Türen weiterlaufen.

Doch brauchen Sie sich durchaus nicht auf konventionelle Wohnzimmermöbel zu beschränken. Eine wunderschöne Anrichte läßt sich zum Schaukasten für Bilder und Kuriositätensammlungen umfunktionieren, ein offener Wäscheschrank stellt eine kostbare Sammlung antiker Patchworkdecken zur Schau, Holzschalen oder regionale Keramikwaren lassen sich auf alten Bauernschränken ausstellen.

Andere schöne Stücke für die Wohnstube wären zum Beispiel runde Säulen- und niedrige Couchtischchen; eine Kommode, die zu groß oder einfach zu schade für das Schlafzimmer ist, vielleicht auch ein Klavier. Sogar so neuzeitliche Stücke wie ein Servierwagen tragen zur Vielfalt des Landhausstils bei.

Bemalte Möbel

Das A und O einer ländlichen Stube sind antik oder neu bemalte Möbel. Das blau-weiße Dekor des kleinen französischen Stuhls (links) erhöht noch dessen Charme, aber auch unbemalt ist er äußerst attraktiv mit seinen gedrechselten Beinen, der geschwungenen Rückenlehne und dem Sitz aus Rattangeflecht.

Die dominante Wirkung des großen Schranks (oben) wird aufgehoben durch den türkisfarbenen Anstrich, der auf weiße Untergrundbemalung aufgetragen wurde. So harmoniert er mit dem Fußboden, macht eine Einheit aus dem ganzen Zimmer.

Rustikale Farben

Das Blaugrau dieses Schränkchens (links) ist eine zeitlose Möbelfarbe und der chinesischen Porzellanmalerei nachempfunden. Besonders reizvoll wirkt das Stück durch die abgeblätterte Farbe.

Eine Truhe (unten). Das Blumendekor hebt sich sehr eindrucksvoll von dem tiefblauen Hintergrund der Vertäfelung ab. Kontrastwirkung erzielen auch die mit schwarz-gelbem Schachbrettmuster bemalten Fußbodendielen. Das folkloristische Element drückt sich auch in der Kollektion amerikanischer Körbe, der naiven Malerei und dem Kerzenleuchter aus.

Stoffe und Polstermöbel

Licht und Blau
Groß- und Kleingemustertes in allerlei Blautönen ergeben hier (oben) eine interessante Mischung: ein kariertes Schleifen- und Rüschenkleid für den Sessel, eine kleingemusterte Decke für den Tisch, eine Blümchentapete und ein hübscher Lampenschirm und Vorhänge mit Ikatmuster.

Licht und Schatten
Streifen in Rosé und Orange lassen das sommerliche Wohnzimmer noch wärmer erscheinen (rechts). Die Fensterbank ist mit Kissen ausgestopft, der Boden mit einer Kokosmatte ausgelegt. Alles in allem warm und freundlich, so richtig zum Wohlfühlen.

Stoffe aus Naturfasern gehören in das Landhaus – Baumwolle, Leinen, Wolle und Seide, fein- oder grobstrukturiert: schwerer Samt und Babycord, satinierter Chintz und Leinen, uni oder gemustert, grobe Wolle und feiner Musselin, Stickereien und schwerer Damast. Die Muster sind gedruckt oder gewebt, manchmal handgemalt: Streifen, gewagte Blumenmuster, kleine Rankenmuster, Batik und Paisley, gemusterte Baumwolle, warme, kräftige provençalische Muster und Knitterbatik.

Als Bezugsstoffe eignen sich Chintz, Kattun (mittelfeine Baumwolle), Drell (dichtgewebte Baumwolle) und dezente Muster. Beliebt sind lose Bezüge und einfach geschneiderte Polsterstoffe, doch zur Auflockerung der Schlichtheit sollten ruhig ein, zwei aufwendig gestaltete Stücke mit Quasten, Borten und Seidenbezügen hineingenommen werden. Ein unscheinbares Sofa wird durch eine Decke der Navajo-Indianer aufgemöbelt, mit einem spanischen Schal oder einer kunterbunten Patchworkdecke herausgeputzt.

Kissen werden entweder mit demselben Stoff wie die Möbel bezogen, oder in Kontrastfarben und -mustern. Auf jeden Fall sorgen unpassende Kissen für Extrakomfort und eine interessante Optik, besonders mit beidseitig gemustertem Kelim- oder Gobelinbezug. Bei den Formen sind der Phantasie keine Grenzen gesetzt: Flache Quadrate, große Rechtecke, Kreise usw., die sich in Borte einfassen lassen, mit Rüschen umrandet werden oder unverziert bleiben.

Großzügige Vorhänge, die bis zum Boden reichen, sollen die Wärme im Zimmer halten. Dicke Wolle, Grobleinen oder feste Baumwolle, oft gesäumt, hängen in weichen Falten oder gerafft in Messingringen und werden eventuell mit Musselin- oder Spitzengardinen kombiniert. Mit Segeltuch erzielen Sie plastische Effekte. Leichte, feine Stoffe kann man ungesäumt lassen, man schlingt lässige Knoten hinein, drapiert sie locker über die Vorhangstange oder läßt sie herabwallen. Preiswerte Baumwollstoffe lassen sich extravagant drapieren, besonders in Kombination mit Besätzen in Kontrastfarben oder aus anderem Material. Vorhangleisten aus Holz, die den architektonischen Linien des Fensters folgen, geben den vorhandenen Platz vor; statt dessen kann man auch ein Stück handgeschnitztes, eventuell bemaltes Holz verwenden.

Den Stil der Vorhänge sollten Sie nach Form, Details und Lage der Fenster im Raum wählen. Es wäre jammerschade, schöne Fensterläden hinter schweren Vorhängen zu verstecken, besonders solche mit Schablonenmalerei oder Handbemalung. Manche Vorhänge nehmen auch zu viel Licht weg. Schmale Fenster wirken besser mit Vorhängen, die mit der Fensterbank abschließen, bei überdimensional breiten Fenstern ist Bodenlänge zu bevorzugen.

Lässiger wird's mit Holz- oder Bambusrollos; sie werfen stimmungsvolles Licht ins Zimmer. Textiljalousien sehen weniger eigenwillig als Raffrollos aus, fallen aber schöner als Rollos.

Lichtdurchflutete Fensterbänke unter Erker- oder Bogenfenstern verschenken viel Platz. Staffieren Sie sie mit Sitzpolstern und Kissen aus. Eine besonders schöne Aussicht aus Fenstern mit niedrig gelegenen Simsen können Sie aber auch dadurch nutzen, daß sie ein paar Stühle im Kreis davor gruppieren.

Ganz schön feurig
Eine gewebte Decke der Navajo-Indianer dient als kontrastierender Vorhang vor der getünchten Lehmziegelwand. Das grelle Licht vor dem Fenster erlaubt solch scharfe Kontraste ohne weiteres. In einem kälteren Klima erzeugt die Kombination von grellem Weiß und starken Farben eine düstere Atmosphäre.

Freundlicher Sitzplatz
Eine gelungene Mischung unterschiedlicher Möbel, Stoffe und Muster zwischen weißen Wänden (rechts): ein Zweisitzersofa, bezogen mit geblümtem Chintz – die Vorhänge sind aus dem gleichen Stoff – zwei Armsessel im Schotten-Look, ein rundes Säulentischchen, ein pink- und schwarzgrundiger Perser. Noch verspielter wird die Szene durch allerlei Krimskrams, der überall herumsteht und die teils folkloristischen Motive der Bilder an den Wänden.

Patchwork
Als Sofadecke nimmt sich eine Patchworkarbeit immer gut aus, obwohl alte Erbstücke vielleicht zu schade dafür sind. Diese Decke ist maschinell hergestellt aus einer bunten Mischung von Material und Mustern. Auf dem attraktiven Stück tummeln sich die Kissen in farbenfroher Vielfalt.

Erdtöne
Kräftige Erdfarben, die mit der Patina der Windsorstühle und des Klappflügeltisches harmonieren, wurden für dieses Zimmer gewählt (links). Das Senfgelb des Holzfußbodens wird in den geometrischen Mustern des Vorhangs wieder aufgenommen. Der traditionell geknüpfte Läufer ist zwar verblichen, doch sind die Farben und Muster noch zu erkennen.

Gefüllte Regale

Eine Gruppe ungerahmter Bilder – Blumenstilleben, Porträts und Landschaften – sehen über dem Kamin gruppiert besser aus als Einzelstücke an der Wand.

Dieses Tellerbord (rechts) beherbergt ein ganzes Keramikdorf aus Honigtöpfen, Plätzchendosen und Teekannen.

Die mexikanische Malerin Frida Kahlo besaß eine Sammlung historischer Tonmasken und flankierte damit das Bord voller schöner Objekte der Volkskunst (ganz rechts).

Kaminschmuck

Ein ausgedienter Kamin (links) dient als Kulisse für eine Sammlung halbglasierter Tonkrüge aus der Provençe.

Eine mit exotischen Hortensien und voll erblühten Mohnblumen bemalte Korbattrappe schmückt eine andere Kaminöffnung (oben).

Rustikales zum Sammeln

Eine phantasievoll präsentierte Sammlung ländlicher Objekte schafft eine ganz eigene Wohnatmosphäre.

- Die Sammlung sollte einem bestimmten Thema oder einer Farbe zugeordnet sein, um als optisches Ganzes zu wirken.
- Berücksichtigen Sie die Größe der Objekte, wenn Sie die Art der Präsentation wählen. Eine Gruppe großer Hüte mit klaren Konturen brauchen viel freie Fläche ringsum. Sie wirken aus der Ferne. Kleine Figuren mit vielen Details – z. B. Fingerhüte – betrachtet man aus nächster Nähe. Man muß sie dicht an dicht aufreihen.
- Die Hintergrundfarbe ist überaus wichtig: Wählen Sie eine Kontrastfarbe zum Farbton der Sammelobjekte, sonst gehen die Stücke unter.

KÜCHEN

Auf der Höhe der Zeit
Auf den ersten Blick ist dies eine Küche wie vor hundert Jahren (links). Ein Kamin, Körbe und Kerzen unter der Decke, behagliche Holzstühle – doch bei näherer Betrachtung entdeckt man eine moderne Kücheneinrichtung mit allen Schikanen. Eine Landhausküche muß nicht von gestern sein.
Ländliche Gaumenfreuden (oben). Eingemachtes Obst und Gemüse, frische Kräuter, getrocknete Pilze und verschiedene Sorten Kräuteressig.

Tischkultur
Ein guter, stabiler Küchentisch (oben) schafft mehr Arbeitsfläche und lädt ein zu einem zwanglosen Plausch bei einem Glas Wein. Auch in kleine Küchen gehört ein noch so kleiner Tisch, wo man morgens Zeitung liest, Kaffee trinkt und auf den Toast wartet.

Trockensträuße

Hängen Sie die Blumen in einem gut belüfteten Raum mit den Köpfen nach unten auf, jedoch nicht in direktes Sonnenlicht. Die Stengel sollten noch frisch sein. Der Trocknungsprozeß dauert drei Wochen bis drei Monate. Hierfür eignen sich u.a.: *Dahlie, Frauenmantel, Gipskraut, Hahnenfuß, Hortensie, Jungfer im Grünen, Lavendel, Ringelblume, Rittersporn, Salbei, Schafgarbe, Silberblatt, Sterndolde, Strandflieder.*

Ebenso wichtig wie die Farben der Wände und Kacheln in der Landhausküche sind Schalen mit Pfirsichen, Kräuter- und Blumensträuße, Gläser mit Eingemachtem, Körbe voller Tomaten und Eier. Landleben bedeutet Schwelgen im Überfluß: wogende Weizenfelder, schattige Obstgärten, fischreiche Flüsse, friedlich weidendes Vieh, gefüllte Scheuern. Beim Gedanken an die Bauernküche tauchen Erinnerungen auf an den Duft von Omas Kuchen, leckeren Eintöpfen, frischen Salaten und gutem Kaffee.

Wie gut, daß sich die Küche im Landhausstil ebenso gut in einem winzigen Apartment in München oder London einrichten läßt wie im Bauernhof in der Toskana. Die Anordnung von Herd, Spüle und Vorratsraum macht eine Küche funktionell, nicht stromlinienförmige Schränke. Und auf moderne Technik muß man durchaus nicht verzichten. Geschirrspülmaschinen passen auch zwischen altmodische Anrichten mit Sammlungen schöner Porzellankrüge oder auf einen gefliesten Schachbrettboden.

Die Küche ist ein beliebter Treffpunkt, die ungezwungene Atmosphäre und die emsige Betriebsamkeit bei der Essenszubereitung wirkt wie ein Magnet. Leider läßt sich in Neubauwohnungen der Traum von einer schönen großen Küche selten verwirklichen. Wenn der Raum knapp ist, muß sorgfältig geplant werden. Eventuell empfiehlt sich ein Mauerdurchbruch von der Küche zum Wohnzimmer, die Einrichtung einer Eßecke in einem größeren Zimmer oder eine kleine Kochnische unter der Treppe.

Die Küche sollte immer direkt neben der Eßecke liegen. Zum zünftigen Landhausstil gehört ungekünstelte Gastlichkeit. Das kommt solchen Gastgebern entgegen, die erst kurz vor den Gästen von der Arbeit heimkehrten und trotzdem etwas Besonderes auftischen wollen. Die Familie und die Gäste haben den Koch im Blick, helfen mit kleinen Handreichungen, kosten schon mal von den Zutaten und lassen sich den Duft in die Nase steigen. Dann wird sich kaum jemand über das Essen zu später Stunde beklagen.

Übergänge
Eine großzügige Wohnküche entstand durch die Vereinigung mit dem Wohnzimmer. Als Grenze fungiert der Tisch, der sich je nach Bedarf als Arbeitsfläche oder Eßtisch nutzen läßt. Fast unmerklich verändert sich die Atmosphäre von den Trockenblumen an der Küchendecke zu den hoch hängenden Wandtellern in der Stube (links).

Schön und praktisch
Sehr eindrucksvoll ist diese Sammlung hängender Kupfertöpfe und -pfannen (rechts). Chefköche und ernsthafte Amateure greifen am liebsten zum Kupfertopf. Sie wissen seine wärmeleitende Eigenschaft zu schätzen. Besonders hochwertige Exemplare sind innen mit Edelstahl oder Silber beschichtet.

Oberflächen und Strukturen

Blau in Blau
Viele Delfter Kacheln halten in dieser alten Küche (oben) moderne Geräte und uneben verputzte Wände optisch zusammen. Die gesamte Wand hinter der Arbeitsplatte ist blauweiß gekachelt genauso wie der Tisch. Die Arbeitsplatte ist schlicht blau.

Schmuck und adrett
Schräge Dachfenster filtern das einfallende Sonnenlicht (rechts). Der Geschirrschrank und die Täfelung sind weiß gestrichen. Großer Wert wurde auf Details gelegt, das zeigt sich in der guten Zimmermannsarbeit. Spannung ins Bild bringen eher die Strukturen als Farbe oder Muster.

Einfach, aber sehr auffallend ist die Kachelwand (übernächste Seite) hinter der Arbeitsfläche, ein Mosaik aus glasierten diagonal verlegten Fliesen in Rosa und Grün.

Traditionelle Materialien – warme rötlichbraune Steinfliesen, farbig glasierte Keramik, Marmor oder Granit, helles Holz in Schränken, auf dem Fußboden und für Arbeitsplatten – sind ideal für eine Landhausküche. Moderne Alternativen wie Linoleum und rostfreier Stahl sollte man aber aus arbeitssparenden Gründen nicht ganz verbannen.

Bei der Ausschmückung von Küchen sind praktische Erwägungen ausschlaggebend. Die Oberflächen sollen nicht dampfempfindlich sein und möglichst pflegeleicht. Kacheln müssen auf glatter Oberfläche verlegt werden; unglasierte Kacheln müssen versiegelt werden. Farben auf Wänden und Holz sollten abwaschbar sein, geschliffene Holzfußböden sollten Sie versiegeln.

Die Vertäfelungen in Holzhäusern sind normalerweise gestrichen. Ist der untere Wandteil aus Holz, kann man den oberen anders gestalten, vielleicht mit einem helleren Farbanstrich oder mit abwaschbarer Tapete. Verputzte nackte Wände wirken matt oder seidenmatt am besten. Soll die Küche hell und freundlich sein, wählen Sie sanfte Farben; stärkere Farben wirken dramatischer.

Strapazierfähige Fliesen sind beliebt für Fußböden, Arbeitsplatten und die Wände zwischen Ober- und Unterschränken. Französisches Flair bringen Steinfliesen aus der Provençe und Schachbrettmuster. Einfarbige Kacheln können zum Mosaik verlegt werden, z. B. rote mit weißen und blaßgrünen. Die Einfassung könnte einfach oder im Schachbrettmuster sein. Abenteuerlicher werden Arbeitsplatten und Kachelwände mit bunt glasierten Fliesen aus Spanien und Nordafrika mit traditionellen Motiven. Ähnliche Muster findet man auf mexikanischen Fliesen, deren Farben aber intensiver sind. Hygienisch cremefarbene Keramikfliesen assoziiert man mit Restaurants, doch die länglichen sehen ganz anders aus als die vertrauten Quadrate, man kann sie zu den traditionellen Ziegelmustern verlegen. Marmor – ebenso wie Terrazzo, Granit, Schiefer oder Stein – sind kostspielig, bleiben aber immer schön und eignen sich für Arbeitsflächen genausogut wie für Fußböden.

Weichere, ruhigere Böden gibt es durch Linoleum oder Vinyl, die in vielen Mustern erhältlich sind, darunter auch traditionelle Landhausmuster, angefangen bei den Mosaikmustern von Pompeji über klassische Renaissance- bis zu simplen Karo- oder Streifenmustern.

SUCRE
CAFÉ
RIZ
FARINE
VERMICELLE

Alt und Neu

Moderne Küchenschränke in hellem Perlgrau harmonieren mit blauen Türknäufen und einer Arbeitsplatte aus Marmor (großes Foto). Die offenen Hängeschränke halten Geschirr und Vorratsdosen griffbereit. Der alte Kieferntisch und die Stühle mit Rohrgeflecht setzen rustikale Akzente.

Holz und Kacheln

Rohe Holzbretter (links), mit denen die Wand über der Arbeitsplatte verkleidet wurde, betonen das lange schmale Fenster.

Holz in allen Variationen (unten) – roh, poliert und lackiert – ist hier kombiniert mit Tonfliesen in kräftigem Grau und Rostbraun, einer schlichten rot-weiß karierten Tischdecke und Stühlen mit geflochtenen Sitzen.

Bodenmuster

Zur Bauernküche paßt gefliester Boden. Steinfliesen und Schachbrettmuster sind beliebt, doch auch Linoleum oder PVC eignen sich. Einfache Muster entstehen durch verschiedenfarbige Fliesen. Viele verschiedene Formen sind auf dem Markt.

- Bereiten Sie den Boden laut Herstelleranweisung vor – bei schlechter Vorbereitung bekommen sie Huckel oder die Kacheln zerspringen.
- Den Boden ausmessen und das gewünschte Muster auf Papier vorzeichnen.
- Teilen Sie den Boden in Felder auf und arbeiten Sie von der Mitte ausgehend, so bleibt das Muster entlang der Hauptachse des Raums symmetrisch. Randfliesen passend zuschneiden.

Blickpunkte

Ofenhitze
Für viele bleibt der gute alte gußeiserne Herd der warme Mittelpunkt der Landhausküche. Er liefert warmes Wasser, kocht und heizt. Die große metallene Esse unterstreicht das warme Ziegelrot der Backsteine.

Doppelspüle
Spüle und Abtropfbrett (rechts) sind mit Kupfer verkleidet. Die hohen Bogenhähne sind nicht nur elegant, sondern auch praktisch. Auch große Töpfe lassen sich darunter bequem füllen. Ein zweites Waschbecken speziell zum Gemüsewaschen, zum Kühlen von Saucen oder zum Frischhalten lebender Schalentiere ist sehr zu empfehlen.

Wenn Sie eine Küche renovieren oder neu einrichten, nutzen Sie die Gelegenheit zu funktioneller Planung. Ziehen Sie ein „Arbeitsdreieck" zwischen den Hauptarbeitsbereichen: Vorräte, Spüle und Herd. Durchgangsverkehr sollte in diesem Dreieck möglichst nicht stattfinden, besonders nicht auf dem Weg zwischen Herd und Spüle, da heiße Töpfe dort hin- und hergetragen werden. Die natürlichste – und daher beste – Arbeitsweise ist von links nach rechts (ausgenommen für Linkshänder), mit der Spüle in der Mitte und dem Herd rechts: dazwischen sollte reichlich Arbeitsfläche liegen, da hier das Essen zubereitet wird.

Alle Arbeitsbereiche sollten gut beleuchtet sein. Die Beleuchtung sollte verstellbar sein, damit man sich nicht selbst im Licht steht. Zusätzlich sollte eine Glaslampe die zentrale Lichtquelle sein, sie hat sich traditionell bewährt.

Der Landhausstil muß sich nicht sklavisch genau an der Ära orientieren, in der es noch keinen Strom gab. In jüngster Zeit weiß man die zeit- und raumsparenden Geräte der High-Tech-Küche durchaus zu nutzen, umgibt sie aber mit einem weicheren, menschlicheren Ambiente. Blitzende Edelstahlherde mit Backöfen und Kochmulden, Mikrowellenherde und Grillgeräte lassen sich auch anstelle oder neben traditionellen gußeisernen Öfen installieren. Sie passen genausogut in eine alte Bauernküche – komplett mit Schachbrettfliesen, Kupferpfannen, hübschem Porzellan und gelaugten Kiefernmöbeln – wie in eine moderne Küche mit weiß getünchten und gekachelten Wänden, stromlinienförmigen weißen Schränken und Designer-Möbeln allerjüngsten Datums.

Ein moderner Ofen kann das offene Herdfeuer ersetzen oder auch eine hübsche Reproduktion mit eingebautem Heißwasserbereiter. Wenn Sie in der Küche auf offener Flamme kochen, können Sie dafür einen Grillrost anschaffen.

Unterbaufähige Kühl- und Gefrierschränke haben oft nur begrenzte Kapazität. Freistehende Modelle lassen sich überall aufstellen, in Schränke einbauen oder kommen besser in die Speisekammer, falls sie größer sind. Jede moderne Spüle läßt sich in eine Arbeitsplatte integrieren, ein altmodischer tiefer Spülstein tut's auch. Er hat mehr Platz zum Abwaschen großer Töpfe oder für Handwäsche als die neuen Versionen.

Möbel

Akzente setzen

Ein Fleischerhacktisch (oben), eine Sitzbank oder ein schlichter, stabiler Tisch, können allein den Ton des Interieurs angeben.

Einbauschränke und -geräte bestimmen das Bild der modernen Küche. Der Landhausstil hat sich dem Laissez-faire verschrieben, mischt neue mit alten Möbeln, nutzt freistehende Herde, naturfarbene oder lackierte Geschirrschränke voll hübschen Porzellans, Eckschränke und Marmor- oder Granitarbeitsflächen.

Stromlinienförmige Einheiten stehen in der Bauernküche nicht auf verlorenem Posten, doch ein Fleischerhacktisch oder ein lackierter Geschirrschrank lockern das Ganze etwas auf. Einbauküchen lassen sich ohne großen Aufwand modernisieren: Man wechselt die Schranktüren und die Arbeitsplatten. Melaminfronten (Kunstharz) weichen Holztüren, eine Resopalplatte wird durch eine neue aus Buchenholz oder Schiefer ersetzt. Weiche Beleuchtung und ein neuer Fußboden mit Schachbrettmuster verleihen einer ganz gewöhnlichen Küche den typischen Country-Look.

Ein großer Vorteil der Einrichtung mit Einzelmöbeln besteht in der Tatsache, daß ihre qualitativ hochwertigen Stücke eine gute Investition darstellen und beim Umzug mitgenommen werden können. Statt alte Küchen radikal umzumodeln und die architektonischen Gegebenheiten völlig zu zerstören, um Platz zu schaffen für die Einbauelemente, sollte man Einzelmöbel planvoll um schon Vorhandenes gruppieren.

Die Möbelhersteller bieten heutzutage wunderschöne handgearbeitete Geschirrschränke und Sideboards an; geölt, gekalkt oder mattlackiert, welche die rustikale Küche beleben. Arbeitsplatten mit integriertem Hackbrett und ausziehbare Schubladen eignen sich am besten für große Küchen, Rollschränke lösen in kleinsten Küchen Platzprobleme.

Selbst bei größtem Platzmangel dürfen ein kleiner Tisch und ein bis zwei Eßzimmerstühle in keiner Küche fehlen. Nicht nur als zusätzlicher Arbeitsbereich, sondern für ein schönes Frühstück und zwanglose Mahlzeiten, die man in der Küche einnimmt. Gäste können sich setzen und mit dem Koch unterhalten. Bistrotische mit Marmorplatte, Klappmöbel für den Garten und schmiedeeiserne Prachtstücke aus den dreißiger Jahren sorgen für den unkonventionellen Touch.

Möbel restaurieren

Die warmen Holztöne, die den Country-Look eigentlich ausmachen, liegen oft unter alten, häßlichen Farbschichten verborgen. Das Entfernen der Farbe, leichte Reparaturen und Einwachsen lohnen oft die Mühe. Doch bevor Sie ans Werk gehen, beachten Sie bitte ein paar Punkte.

- „Antik" und „mitgenommen" aussehende Anstriche sind jetzt groß in Mode. Im richtigen Ambiente wirkt auch ein Küchenstuhl mit absplitternder Farbe äußerst edel. Bevor sie ihm zu Leibe rücken, säubern Sie ihn erst einmal und nehmen ihn in Augenschein.
- Verschwenden Sie keine Mühe an ein schlecht gezimmertes Möbel oder minderwertiges Holz. Die Unterseite eines Stuhls oder das Innere einer Schublade geben Ihnen Hinweise. Verwenden Sie auch keine Zeit für Objekte, die vom Holzwurm befallen sind. Sehen Sie sich das Stück von allen Seiten an, besonders um die Füße herum.
- Wenn Sie selbst restaurieren wollen, beginnen Sie mit einem leichten Stück.

Hell und funktionell
Solide und praktisch – ein Kieferntisch, Windsorstühle und eine Sitzbank bilden ein sonniges Eckchen in der Landhausküche. Hier läßt sich gut malen oder für die Schule lernen (links).

Schöne Stücke
Zum Küchenmöbel umfunktioniert wurde diese Kommode (oben). Sie bekam eine neue Marmorplatte. In den großen tiefen Schubladen finden Tischwäsche und sperriges Küchengerät Platz, das nicht ständig in Gebrauch ist.

Ein behaglicher antiker Klappstuhl (oben rechts) lädt zum Verweilen am Kamin ein.

Reichlich Platz für hungrige Gäste bieten die Sitzbänke zu beiden Seiten des langgestreckten Eßtisches.

Die Speisekammer

Die traditionelle Bauernküche wies eine begehbare Speisekammer auf, oft mit Steinfußboden und -wänden zur kühlen Lagerung von Lebensmitteln, möglichst zur kühleren Seite des Hauses hin gelegen. Lamellentüren sorgten für die Luftzirkulation. Dazu gab es Metallregale, Holzgitter und Lattenregale. Das Geschirr kam in eine separate Kammer, in der auf der traditionellen Marmorplatte der Kuchenteig ausgerollt wurde.

Auch in einem Neubau oder einer Wohnung empfiehlt sich eine zusätzliche Speise- und Abstellkammer an einer Außenwand. Gläser mit eingemachtem Obst und Gemüse, selbstgekochter Marmelade und pikanten Soßen zieren reihenweise die Regale an den Wänden, Räucherschinken und -fisch hängt zwischen Bündeln getrockneter Kräuter von der Decke.

Pflanzenöl und Kräuteressig

Verschiedene Kräuteröl- und -essigvarianten aus eigener Herstellung zaubern auch im Winter das Aroma der Sommerkräuter in gekochtes Gemüse oder Rohkostsalate.

- Die Kräuter pflückt man morgens, wenn der Tau getrocknet ist. Dann ist das Aroma am konzentriertesten. Alle Pflanzenteile sind verwendbar: Blätter, Blüten und Samen.
- Verwenden Sie hochwertigen Wein- oder Obstessig und Olivenöl (ideal für stark aromatisierende Kräuter wie Estragon und Basilikum) oder mildere Sorten wie Sonnenblumenöl.
- Füllen Sie eine saubere, transparente Flasche mit zerquetschten Kräutern und begießen Sie sie mit Öl oder Essig. Gut verschließen.
- Vierzehn Tage lang auf einem sonnigen Fensterplatz ruhen lassen. Eventuell Öl oder Essig durch ein Sieb passieren und ein frisches Kraut hineingeben.

In kleineren Küchen lassen sich schöne Gläser und Flaschen zusammen mit Porzellan, Trinkgläsern in Hängeschränken mit Vitrinentüren aufbewahren. Weckgläser jeder Form und Größe eignen sich vorzüglich als Behälter für Zucker, Reis, Nudeln und trockene Hülsenfrüchte auf offenen Regalen.

Alltägliche Zutaten wie Kräuter und Gewürze sollten stets griffbereit sein; Salz in traditionellen Holzbehältern an der Wand oder in Tongefäßen; Kräuter und Gewürze in altmodischen Regalen oder in schönen Gläsern – möglichst in dunklen, zum besseren Erhalt des Aromas; Olivenöl in attraktiven verkorkten Flaschen. Sträuße von Trockenblumen und -kräutern, die von den Balken herabhängen oder gebrauchsfertig im Gewürzkranz stecken, runden das traditionelle Küchenbild ab.

Erntesegen
Hier geht's ans Eingemachte. Die hübschen alten Gläser wecken (ganz links) Lust auf leibliche Genüsse.

Diese alte Speisekammer im Coffin House in Newbury, Massachusetts dient jetzt als Modell für eine gut sortierte Vorratskammer mit den langen Borden voll schöner Schüsseln, Körbe und Utensilien.

Vorratskammer
Baumelnde Würste (unten), eingelegte Tomaten und andere Gemüse auf schlichten Wandregalen, Wein- und Olivenkrüge lagern hier. Als schmückende Beigabe ziert ein klassisch geformter Krug die Nische unter der Sammlung von schönem halbglasiertem Steingut. Offenbar wissen die Besitzer sehr wohl, was das Leibliche mit dem Ästhetischen verbindet.

Reiche Ernte
Das Tellerbord aus Kiefernholz ächzt unter der Last von eingemachtem Obst und Gemüse und der Batterie von Soßenflaschen. Weckgläser mit Metalldeckeln verwandeln selbst ordinäre eingelegte Zwiebeln in ein dekoratives Objekt. Alte Metalldeckel, Waagen, Puddingformen und Zierteller machen diese Anrichte zu einer wahren Augenweide. Darunter ist noch Platz für hübsche Körbe zum Lagern von Äpfeln und Kartoffeln.

Dosen von Hand
fertigten die Anhänger der amerikanischen Shakersekte in allen Größen an. Die ovalen Spanschachteln aus Kiefern- oder Ahornholz dienten der Aufbewahrung von allerlei Hausrat und Arbeitsutensilien, ja sogar von Lebensmitteln. Die Dosen brachten entweder unbemalt das schöne Holz zur Geltung oder bekamen einen Anstrich in Erdfarben – Gelb, Rostrot, Olivgrün oder Blaugrau.

Küchenutensilien

Funktional und dekorativ
Erstklassiges Küchengerät sollte man zur Schau stellen, entweder auf Borden (oben) oder aufgehängt an einer Hakenleiste (links).

Küchengeräte und -utensilien, besonders dekoratives Kupfergeschirr und -formen, werden in der Landhausküche offen zur Schau gestellt. Töpfe und Pfannen kommen auf hochhängende Borde, hängen über dem Herd an der Wand oder stehen in Topfständern aus Gußeisen oder Holz. Kochlöffel, Durchschläge (für Suppen) und Kellen hängen an Haken über der Arbeitsfläche, an einer Leiste an der Wand oder der Unterseite eines Schranks über der Arbeitsplatte, aufgehängt an Fleischerhaken. Große Holzlöffel, Schneebesen und Nudelholz kommen in einen hohen Tonkrug nahe beim Herd.

Rührschüsseln und andere Tonschalen werden in offenen Regalen, Geschirrschränken oder traditionellen Tellerborden arrangiert. Eine Querstange sorgt für sicheren Halt des Geschirrs. Bei Platzmangel bewahrt man schöne Schüsseln ineinander gestapelt in einer Ecke der Arbeitsfläche auf. Ein Geschirrständer aus Holz wäre ein anderer Aufbewahrungsort für schöne Teller.

Bei der Umwandlung der Küche in den Landhausstil braucht man das moderne Gerät aus rostfreiem Stahl nicht auszurangieren. Daneben sollte man sich aber nach alten Sachen umsehen, z. B. nach emaillierten Durchschlägen, Waagen, Porzellanformen und Terrinen, Besteckkästen, Eierkörben aus Draht, Ausstechformen und Backbrettern, die sowohl nützlich als auch hübsch anzusehen sind. Besonders gut nehmen sich provençalische oder italienische, halbglasierte Kochtöpfe und Vorratskrüge, Keramik mit Craqueléglasur oder Backformen aus.

Das Tüpfelchen auf dem i sind Bilder oder Drucke von Haustieren, Gemüse oder Obst, alte handgemalte Schilder und Körbe in allen Größen und Formen. Sie hängen von den Balken oder stehen aufgereiht auf offenen Regalen.

Wiegen und Waschen
Ein Ehrenplatz gebührt dieser hübschen Waage aus Messing und Eisen (rechts).
Käseabtropfbehälter lassen sich zu Besteckständern umfunktionieren (unten).

Dekorative Regale
Ein dunkles Holzregal mit hohen Querstangen (ganz links) kann erstaunlich viele große Auflauf- und Souffléformen und hübsches Alltagsgeschirr aufnehmen.
Eine Anrichte kann viele verschiedene Objekte zusammenbringen (links), was ihren besonderen Charme ausmacht.
In einer ungewöhnlichen Küche mit Dachspitz wurde unter die Dachbalken ein Boden eingezogen für größere Dinge, wie z. B. Körbe. Man erreicht ihn über eine Wendeltreppe.

ESSZIMMER

Wohlbehagen

Wände in Altrosa (links) liefern eine Kulisse für das Farbenspiel zwischen dem Weiß der Balken und Rahmen und dem dunklen Mobilar. Der Tisch steht parallel zum Fenster, um möglichst viel Tageslicht einzufangen, das Sideboard dient gleichzeitig als Ablage und Serviertisch, die überzähligen Stühle stehen an der Wand.

Ein Eckschrank aus Massivholz (oben) mit einem bemalten Ständer für große Teller.

Das berühmte Eßzimmer des französischen Impressionisten Claude Monet in seinem Haus in Giverny in der Normandie ist der Inbegriff des Landhausstils. Es ist auf robuste Art schlicht, behaglich und schön. Es strahlt Wärme und Gemütlichkeit aus. Ein langgestreckter Raum, sonnendurchflutet dank seiner großzügigen Flügeltüren, mit einer Tür zur Küche. Die sanften Gelbtöne der Wände unterstreichen den sonnigen Gesamteindruck. Kein Wunder, daß diese Farbe so beliebt ist für ländliche Eßzimmer. Die praktischen rot-weißen Bodenfliesen sind diagonal verlegt, der rötliche Orientläufer unter dem Tisch liefert den optischen und stofflichen Kontrast. Der lange Tisch steht in der Mitte des Zimmers und ist mit strapazierfähigem blaßgelbem Ölzeug gedeckt. Die gelblackierten Stühle mit Binsensitzen und blauweißen Kissen sind typisch für die Region. Die wunderschön gefächerten Rückenlehnen zeigen den Landhausstil von seiner eleganten Seite. Zart kolorierte japanische Holzschnitte aus der Sammlung des Malers schmücken die Wände. Orientalisches Porzellan füllt zwei große bemalte Geschirrschränke.

Die Franzosen haben ja bekanntlich eine bemerkenswerte Leidenschaft für gutes Essen. Die Eßzimmer tragen alle den gleichen Stempel, landauf, landab finden sich die gleichen Themen. Die Wände sind gewöhnlich weiß oder cremefarben, in den von Monet favorisierten Gelbtönen oder in den verwandten Farben Pfirsich und Orange. Die Teller und Blumen weisen stärkere Töne auf, auch die Muster der Polsterbezüge, Tischtücher und Vorhänge und die gefliesten Schachbrettböden.

Charakteristisch für das französische Eßzimmer ist ein Tisch mit Leinentischtuch und Spitzensaum, blaßgrüne Servietten, weißes Porzellan, edle mundgeblasene Wein- und Wassergläser, ein altes Silberset für Essig und Öl und niedrige Glasvasen mit Maiglöckchen. Die Stühle sind aus hellem Holz, das weiche Licht kommt von den Leuchten auf dem Sideboard. Dasselbe

Zeitlos schön

Claude Monets gelbes Eßzimmer in Giverny (ganz links) liegt direkt neben der Küche. Der Maler selbst hat das Porzellan entworfen und die Möbel passend zu den Wänden gestrichen.

Eine Eckbank und mehrere Einzelstühle sind in einem anderen Haus in der Normandie um einen großen gescheuerten Tisch gruppiert (Mitte).

Fensterplatz

Ein langer, schmaler Tisch (unten) vor einer Sitzbank am Fenster macht das Beste aus dem kleinen Eßzimmer neben einer Küche. Das Haus steht in Norditalien.

Die Raumhöhe wird betont durch die rotblauen Fresken unter der Decke. Kupferformen und -töpfe hängen an der Wand über dem Kiefernschrank in der Ecke.

Zimmer würde viel lässiger wirken mit einem gescheuerten Kieferntisch, gedeckt mit Rattanuntersätzen und buntem rustikalem Geschirr, einem altmodischen Lampenschirm auf einer zentralen Deckenleuchte, hohen Topfpflanzen und einer Sammlung von Fayencen auf einem Tellerboard.

Die Franzosen streichen Holzvertäfelungen und Einbauschränke im traditionellen Blaugrün. Kombiniert mit einem runden Tisch mit Paisleydecke, bemalten Stühlen mit hohen Rückenlehnen und Binsensitzen mit blaßgrünen Kissen, Gemälde und Spiegel im Goldrahmen, kann sich das Ergebnis sehen lassen: ein elegantes Eßzimmer, interessant anzuschauen und zum Verweilen einladend.

Ob der Gesamteindruck eher rustikal oder elegant ausfällt, ist unerheblich. Die Betonung liegt beim Landhausstil auf Behaglichkeit, auf der natürlichen Gruppierung und lockeren Kombination von Objekten, weniger auf Durchsetzung eines vorherrschenden Stils.

Schön und funktionell
Ein englisches Zimmer mit Deckenbalken, grob verputzten Wänden und Steinfliesen (links oben). Die Bauernmöbel sind um den Kamin herum plaziert. Bei der Auswahl spielte schönes Aussehen eine große Rolle.

Ein Klapptisch (unten links) und schwarzgold verzierte Stühle sind der Blickfang im Eßzimmer dieses Hauses in Newhampshire aus dem achtzehnten Jahrhundert. Im Eckschrank werden Tischwäsche, Bestecke, Porzellan und Gläser aufbewahrt. Den Kamin schmückt eine Sammlung antiker Schürhaken und Kupferkannen und -töpfe.

Ein Eßzimmer auf holländische Art: nackte Ziegelwände, ein runder Tisch mit karierter Decke und gemusterten Vorhängen aus Baumwolle.

Ländliche Eleganz
Das sanfte Gelb der Holzvertäfelung reflektiert das Sonnenlicht, das durch die geöffnete Tür hereinfällt. Dieser Farbton ist eher vornehm zurückhaltend, verbreitet nicht den erbarmungslosen Frohsinn anderer Gelbschattierungen. Die feinen Details der Paneele und Schränke harmonisieren mit den eleganten Windsor-Stühlen.

Imitierte Wandsockel

Moderne Apartments werden interessanter mit imitierten Wandsockeln.

- Kleben Sie schwere Prägetapete vor Arbeitsbeginn auf die Fläche.
- Verwenden Sie eine besondere Farbgestaltung wie Trompe-l'oeil- oder Marmorierung. Hinterher versiegeln.
- Verwenden Sie für den unteren Wandteil eine kräftigere Farbe als oben; z. B. Rostrot und Creme oder Tiefblau mit hellerem Blauton.
- Markieren Sie die Abschlußlinie vor dem Malen mit Kreppapier.
- Ziehen Sie einen Rand mit einem feinen Pinselstrich, bevor Sie mit dem Malen beginnen.
- Schmücken Sie den oberen Rand des unteren Wandteils mit einem Bordürenmuster – etwa einem kühnen schwarzweißen geometrischen Muster oder einfach mit einem Streifen.

Der beste Platz

Gut plaziert
Eine Eßecke im Arts-and-Crafts-Stil nimmt eine ganze Seite einer großen Küche ein (links). Der Eßtisch in einem Haus in Südkarolina (oben) füllt eine Wohnzimmerecke aus.

Aus rein praktischen Erwägungen sollte die Eßecke in Küchennähe liegen. In Neubauwohnungen fehlt oft der Platz für ein separates Eßzimmer. Statt dessen kann man im Wohnzimmer oder in der Küche essen – oder in beiden. Ein großer Flur oder der Raum unter einer Treppe können als Eßdiele herhalten; bei schönem Wetter tut's auch ein Balkon.

In vielen älteren Häusern sind Küche und Eßzimmer durch eine bis zur Decke reichende Schrankwand getrennt, die sich von beiden Seiten öffnen läßt. Dies ist ein idealer Aufbewahrungsort für Porzellan und Glas, oft mit eingebautem stummem Diener. Als Raumteiler eignen sich auch niedrige Anrichten, zwei Rücken an Rücken gestellte Schränke, ein Büffettisch aus Marmor oder Stein in der Mitte des Raums oder ein Innenfenster, durch das mehr Licht in beide Bereiche fällt. Der Übergang von der Küche zum Eßplatz läßt sich auch durch unterschiedliche Fußbodenbeläge, z. B. einen großen Teppich unter Tisch und Stühlen, durch Wechsel von Kacheln zu Holzdielen oder durch verschiedene Wandgestaltung andeuten.

Möbel

Glanz vergangener Zeit
Besonderen Charakter gewinnt ein Eßzimmer durch wunderschön geschwungene Stuhllehnen (oben) mit ehrwürdiger Patina oder eine antike Kommode, verziert mit Bauernmalerei in kräftigen Farben.

Gelungene Mischung
Nicht nur schön anzusehen, sondern auch praktisch sind diese schlichten alten Holzmöbel – Stühle in der Region hergestellt, ein großer dunkler Geschirrschrank mit Fayencen und eine Truhe.

Wie ein Raum wirkt, hängt nicht zuletzt vom Stil und von der Form seiner Tische und Stühle ab. Ein runder gelaugter Eichentisch mit geschnitzten Stühlen kommt steifer daher als ein langer, gescheuerter Kieferntisch mit Windsor-Stühlen oder ein mittelalterlich anmutender Eichentisch vor einer Sitzbank, auf dessen anderer Seite unterschiedliche Stühle mit geflochtenen Sitzen stehen.

Die runde Form soll ja angeblich für einen Eßtisch ideal sein, sie ist „demokratischer", da man sich in der Runde besser unterhalten kann. Tatsächlich sind die meisten Bauerntische aber rechteckig. So ein Tisch ist am leichtesten herzustellen und nimmt am wenigsten Platz weg. Und ist es nicht auch viel interessanter, ja rustikaler, an einem langen Tisch zu sitzen? Man unterhält sich intensiv mit den Sitznachbarn und bemüht sich, etwas von der Konversation am anderen Ende einzufangen, während man die Platten herumreicht und jemanden um den Wein bittet. In kleinen Räumen wählt man Klapp- oder bei Bedarf ausziehbare Tische.

Schönheit ist bei der Auswahl der Stühle genauso maßgebend wie Sitzkomfort. Einfache Holzstühle mit geflochtenen Sitzen, Thonetstühle, geschnitzte Holzrahmen mit Sitzpolstern, Windsor-Stühle, Korbstühle, schwedische Stühle mit hohen Rückenlehnen und blau-weiß karierten Sitzen und Sheraton-Möbel aus Mahagoni mit Goldverzierung fühlen sich im Landhaus heimisch. Alle Stilrichtungen lassen sich kombinieren, sofern ein gemeinsames Element wie Material, Form, Farbe oder Größe vorhanden ist. Zu harte Sitze werden durch Kissenauflagen gepolstert, die sich mit Schleifen am Stuhl befestigen lassen.

Auch ursprünglich als Gartenmöbel konzipierte Stühle kommen in Frage – gußeiserne Bistrostühle, Lloyd-Loom-Korbstühle, schwarze Stahlrohrstühle mit cremefarbenen Kissen, Klappstühle aus Holz und diverse Sitzbänke mit und ohne Lehne oder Polster.

Ein Sideboard ist das traditionelle und praktische Eßzimmermöbel. Bestecke und Servietten, Gläser und Porzellan verschwinden in seinen Schränken und Schubladen. Gewürze, Obst, Käse und Wein stehen auf seiner Ablagefläche. Servierschüsseln und Essen arrangiert man auf einem schmalen Büffettischchen oder halbrunden Tischen, Geschirrschränke oder offene Regale stellen feines Porzellan und Glas zur Schau. Wird das Zimmer aus Platzmangel auch für andere Zwecke genutzt, schaffen Einbauschränke reichlich Platz. Sie können diagonal um eine Ecke herumführen, und die oberen Schränke eignen sich für eine Keramik- und Gläsersammlung hinter Glas.

Rustikales Geschirr

Geschirr als Blickfang

Was die Bücher für das Wohnzimmer, sind Sammlungen bunter Teller, Tassen, Krüge und Schüsseln für das Eßzimmer. Sie strahlen behagliche Wärme aus.

- Traditionelle Tellerborde haben meist hinten eine Leiste, die das Geschirr vor dem Herunterfallen schützt. So eine Vorrichtung läßt sich an jedem beliebigen Regal anbringen.
- Krüge, Tassen und Becher mit einwandfreien Henkeln hängt man an kleine Fleischerhaken an Stangen oder an Schraubhaken auf, die man an der Unterseite von Regalbrettern anbringt.
- Teller und Schüsseln kann man auch durch vordere Querstangen vor dem Bord sicheren Halt geben, falls man sie lieber nach vorne lehnen lassen möchte.
- Regalkanten lassen sich durch Spitzenborten aus Stoff oder Papier hübsch dekorieren.

Traditionelle Keramikteller sind zeitlos schön. Ein, zwei Exemplare als Mitbringsel von jeder Reise ergeben eine attraktiv gedeckte Tafel. Die Zusammensetzung der Rohmaterialien, die Glasuren und das Dekor weisen leichte regionale Unterschiede auf, doch auf der ganzen Welt wiederholen sich die fließenden Linien klassischer Stücke: wunderschön gewellte Schüsseln, Teller mit gerilltem Rand, anmutige Krüge und große runde und ovale Platten.

Braunes halbglasiertes Steingut dient als Ständer für Kochutensilien. Servierschüsseln haben oft handgemaltes Dekor: Manchmal ist die Glasur gekämmt oder gespritzt oder mit traditionellen Motiven und Mustern der Region verziert. Die Farben sind Erdtöne – Rötlichbraun, Senf, Gold, Creme – oder helleres Grün und Blau, die regional verschieden angewendet werden. Steingut aus dem bretonischen Quimper trägt beispielsweise bunte, handgemalte, antike Dekore auf cremefarbenem Untergrund. Hellere Farben und maurische Motive sind charakteristisch für die mexikanischen Töpferwaren. In Kolumbien wird Ton glasiert und zweimal gebrannt. Das Resultat ist ein dunkelbrauner Teller, der sich eher wie Holz anfühlt.

Die traditionellen Farben

Eine Fensterbank in der Normandie (ganz links) mit stilvoll arrangierten Milchkrügen aus dem neunzehnten Jahrhundert demonstriert, wie beliebt reich verzierte Gefäße damals waren.

Steingut und Porzellan bilden den Grundstock für diese hübsche Kollektion (links), die auf dem Kiefernschrank so gut zur Geltung kommt. Belebt wird die Komposition durch Rosa- und Gelbtöne.

Rustikales Geschirr schmückt sich gern mit Gartenmotiven. Stücke aus Antiquitätenläden (unten) und von Flohmärkten sind hier bunt und effektvoll gemischt. Das Tafelgeschirr auf den unteren Regalen des Schranks war in den dreißiger und vierziger Jahren populär.

Präsentierteller

Eine bunte Mischung (oben, ganz links) – Obstschalen, Kohlblatteller und Geschirr mit Trauben-, Pfirsich- und Blumenrelief stehen hier dicht an dicht im schmalen Vitrinenschrank.

Sehr dekorativ wirkt diese Ecke durch die Spitzenborten in vier verschiedenen Mustern, eine schmucke Umrahmung für die reizenden Tee- und Kaffeegedecke und verschiedenfarbigen Gläser (oben links).

Ein großer traditioneller Geschirrschrank aus Kiefernholz (unten, ganz links) zeigt eine Kollektion zeitgenössischen Porzellans in kräftigen Farben und lebhaften Mustern.

Ein alter Einbauschrank (unten links) bewahrt Stapel von großen und kleinen Tellern auf. Die mit altem Papier beklebte Innenseite der Tür verleiht Ihnen einen Hauch von Antiquität.

Altes Blauweißdekor (rechts) und Porzellan mit botanischen Motiven wird nie unmodern. Die Muster müssen nicht übereinstimmen: Ein mit verschiedenen Porzellantellern gedeckter Tisch kann im Gegenteil ungemein reizvoll aussehen.

Eßzimmerdetails

Tischdecken mit Spitzen gelten als ein wenig altmodisch. Tatsache ist aber, daß sie wirklich wunderbar aussehen mit Silberbesteck und hübschen Gedecken. Gestärkter weißer Damast paßt zu jeder Gelegenheit. Da er aber viel Arbeit verursacht, sollte man ihn nur für besondere Anlässe nehmen. Schlichte oder gemusterte Wachstuchdecken sind praktisch, attraktiv und eine gute Wahl für den Gebrauch unter der Woche.

In einem typisch schwedischen Eßzimmer mit blauweißen Wänden und weißen Tischen und Stühlen bringen oft nur die blau-weiß karierten Stuhlpolster und die dazu passenden Jalousien Farbe ins Bild. Rotweißkariertes ist für den Country-Look auch sehr beliebt, zum Beispiel bei Tischdecken, Servietten, sogar Kissen und Vorhängen. Stärkere Muster – Batik, Paisley und provencalische Baumwollstoffe – werden oft als Unterdecke mit einer kürzeren Oberdecke in Weiß oder Kontrastfarbe kombiniert.

Zu besonderen Anlässen sollte man die Tafel mit niedrigen Vasen voller frisch gepflückter Gartenblumen schmücken. Aus dem gewohnten Rahmen fallen Mistel- oder Weißdornzweige, Geißblatt- oder Efeuranken, Schalen mit frischen Kräutern, Stilleben aus hölzernem Zierobst und -gemüse und leuchtend bunte Schalen oder Körbchen mit Schneeglöckchen, Krokussen oder Primeln.

Die Beleuchtung sollte sanft und diskret sein: Niemand darf geblendet sein. Eine zentrale Pendelleuchte, die sich soweit hinunterziehen läßt, bis die Birne verdeckt ist, wirft Licht auf den Tisch, ohne zu blenden. Diese Lösung bietet sich besonders für Eßzimmer an, die von der Familie auch für andere Zwecke genutzt werden und daher eine gute Lichtquelle brauchen. Für zusätzliche Beleuchtung plazieren Sie Tischlämpchen auf dem Sideboard.

Romantischer sind natürlich rustikale Leuchtenträger, etwa in der Art der Shaker, die in zwei Stufen von der Decke hängen. Schmale Kerzenleuchter können auf dem Tisch arrangiert werden. Wandleuchter sind schon fast in Vergessenheit geraten. Besonders reizvoll sind solche aus Zinn. Besonders stimmungsvoll wirken sie zusammen mit einem flackernden Kaminfeuer.

Schön gedeckte Tische
Ungewöhnlich, aber extravagant wirkt dieser Schottenstoff (links) als Decke für den langen Eßtisch. Die Teller sind Einzelstücke mit blauweißen Dekoren, die weißen Kerzen stecken in verschieden hohen und niedrigen Leuchtern aus Silber und Porzellan.

Ein hellgrünes Wachstuch bedeckt diesen Tisch (unten). Der kunstvoll verzierte Leuchter überragt das alltägliche Geschirr.

Flackerndes Licht
Ein Kandelaber im Shaker-Stil – schlanke Metallarme tragen schlichte Wachskerzen – ist eine willkommene Alternative zum Deckenlicht, wenn Sie eine sanfte Beleuchtung für den Eßtisch bevorzugen.

SCHLAFEN UND BADEN

Lässige Kombinationen

Eine traditionelle Patchworkdecke in Rot und Weiß auf einem antiken Holzbett bildet den optischen Höhepunkt in diesem Schlafzimmer (links). Der lässige Mustermix, die Farbkombination und Zusammenstellung der Objekte sind typisch für den Landhausstil: Die Wände ziert ein stilisiertes Shaker-Muster, das hölzerne Kaminsims soll schwarzen Marmor vortäuschen, und das Bild über dem Kamin steht in der Tradition der Volkskunst. Glücklich schätzen darf sich der Besitzer solcher altmodischen Messinghähne (oben).

Das Schlafzimmer ist ein natürlicher Zufluchtsort, an dem Sie Ihre persönlichen Schätze aufbewahren – das gestrickte Tuch der Urgroßmutter, Kinderbilder, ausgefallene Sammlungen von Haarbürsten oder Parfümflaschen. Es sollte in Ihren Lieblingsfarben gehalten sein. Dieses Zimmer sehen Sie vorwiegend nachts, gewöhnlich in künstlichem Licht und früh am Morgen. Daher empfehlen sich Farben, die weich im Lampenlicht und schön in der Morgensonne aussehen, deren Strahlen durch Vorhänge oder Jalousien Muster auf den Boden werfen.

Weiß, Creme und Pastellfarben sind die Varianten für ein Schlafzimmer und eine gute Basis für eine Reihe verschiedener, rustikaler Interieurs. Die Franzosen mögen Bettwäsche mit Häkel- und Spitzensaum, schöne alte Holzmöbel und Vorhänge aus duftigem Musselin. Dach- und Fachwerkbalken bleiben im alten englischen Cottage frei, man legt großen Wert auf das Farbenspiel zwischen dunklem Holz und der getünchten Wand; einen ähnlichen Effekt erzielt man durch das Beizen von Tür- und Fensterrahmen und Fußleisten. In Amerika gesellen sich dazu Schaukelstühle, lebhaft gemusterte Patchworkdecken und Flikkenteppiche.

Die Shaker schmückten das Schlafzimmer mit Bordüren in Schablonenmalerei oder bedeckten Wände mit stilisierten figürlichen oder Stern- und Rautenmustern. Dazu kamen dann wunderschöne Patchworkdecken. Der schwedische Jugendstilmaler und -designer Carl Larsson schmückte sein „Haus in der Sonne“ auch mit Schablonenmalerei. Die Fußbodendielen strich er cremefarben, dann bemalte er sie mit grünen, roten und blauen Herzen-, Beeren- und ähnlichen Motiven. Tür- und Fensterrahmen sowie Fußleisten strich er dann in denselben Farben. Gedruckte Bordüren sehen auch gut aus, wenn auch „künstlicher“.

Im französischen Landhaus herrschen kräftigere Farben vor, Pink, Ocker und Grün zum Beispiel. Dazu wählt man gemusterte Stoffe und poliertes oder gebeiztes Holz. Klare Farben – Blau, Gelb und sogar Rot – betonen die Struktur der Wände und Tapeten und bringen Spannung ins Bild. Besonders geschätzt werden sie im heißeren Klima, zum Beispiel in den Südstaaten der USA oder in Australien.

Ein Schlafzimmer mit Blümchentapete ist ein klassisches Element des englischen Landhausstils. Winzige Rosenknospen auf blaßrosa Untergrund, kleine Veilchensträuße, Osterglocken, Blumenkörbchen werden kombiniert mit weiß gestrichenem Holz, Korbmöbeln, weißer Bettwäsche und hübschen Gardinen aus Batist.

Fantasieanregende Farbgebung

Einmal anders als sonst haben die Bewohner dieses französischen Hauses Decken- und Wandbalken bemalt (oben, ganz links), nämlich türkis.

Die Balken in einem anderen Zimmer im selben Haus sind dunkelorange, die Möbel farblich darauf abgestimmt (unten, ganz links).

Auch hier (links) fällt die Decke aus dem üblichen Rahmen von Weiß oder Creme. Das Türkisgrün wirkt weniger düster und mildert die Wirkung der strahlenden weißen Wände ab.

Der viktorianische Designer und Schriftsteller William Morris entwarf stilisierte ländliche Dessins für Tapeten und Stoffe, inspiriert von traditionellen östlichen Mustern. Seine Rosen und Lilien, Vögel und Granatäpfel, Blütenzweige von Jasmin und Geißblatt eignen sich für Landhäuser der eleganteren Kategorie. Kühne Blumenmuster sind in Amerika viel beliebter als in Europa. Große Blüten auf weißem Grund bedecken die Wände, die Bettüberwürfe folgen den traditionellen Patchworkmustern, dazu hat man Schachbrettmuster auf den mit Fliesen oder Linoleum ausgelegten Fußböden. Als Alternative gibt es geblümte Chintzvorhänge und Tagesdecken zu schlichten Wänden, naturfarbene Dielen und Flickenteppiche.

Holzfußböden, Dielen oder Parkett kann man streichen oder lackieren, polieren oder laugen. Von den Teppichen passen die Arten, die unter den Füßen kitzeln – Kokos- oder Sisalläufer – besser zum Landhausstil als luxuriöse Auslegeware (obwohl helle Teppiche mit Läufern sehr behaglich und nicht fehl am Platz sind). Die härteren, kälter wirkenden Fußbodenbeläge – Stein, Marmor, Fliesen und Ziegelsteine – können sich in Häusern mit Fußbodenheizung ziemlich warm anfühlen. Egal welchen Fußboden Sie wählen, ein paar Läufer bringen eine sanfte Note und Farbtupfer ins Zimmer.

Leicht und luftig
Betont schlicht wirkt dieses australische Schlafzimmer (oben links) mit den weißen Paneelen, dem Korbsessel und der Truhe, alles in Weiß, dem schweren Häkelkissen und dem Läufer aus Baumwolle. Nur im Bettüberwurf taucht ein bißchen Farbe auf. Ins Auge fallen die Balkontür mit der soliden, aber dekorativen halbhohen Balustrade, welche mit ihrem kräftigen grünen Anstrich die Aussicht auf den Garten einrahmt.

Mitternachtsspitzen
Holzdielen und schlichte verputzte Wände geben den idealen Hintergrund ab für ein amerikanisches Himmelbett aus dem achtzehnten Jahrhundert, mit Spitzenbehang und herrlicher Patchworkdecke.

Sinfonie in Holz
In einem großzügigen Schlafgemach eines Holzhauses auf dem Land ist das Bett weiß bezogen (siehe Seite 112). Die ebenfalls weißen Kissenbezüge harmonieren mit dem spanischen bestickten Fransenschal und der walisischen Überdecke in schlichtem Weiß. Das Sofa am Fenster nutzt Sonne und Aussicht aus. Die Farben sind bewußt dezent gehalten. Nur in den niedrigeren Regionen des Zimmers lockern Muster die strengen, klaren Linien von Balken und Zimmerdecke auf, so z. B. auf der wunderschön bemalten Truhe!

Betten

Witzig und himmlisch
Ein wunderschönes antikes Bett (oben) ist durch einen eleganten Himmel umgewandelt worden, der von der Dachschräge herabwallt. Die ausschließliche und extravagante Verwendung von gemustertem Baumwollgewebe – wie geschaffen für den Landhausstil – erweist sich als glücklicher Treffer.

Ein wunderschönes altes Holzbett – sei es aus Eiche, Walnuß, Kirschbaum oder auch aus erstklassig erhaltener Kiefer – ist das Tüpfelchen auf dem i in Ihrem Landhausschlafzimmer. Sollten Sie glückliche Besitzer eines Exemplars sein, halten Sie es in Ehren. Die Patina von Jahrzehnten läßt sich nicht nachahmen, aber es lohnt sich, die Farbe zu entfernen. Wenn das Holz gut aussieht, kann man es wachsen. Ansonsten läßt sich das Bett auch sehr dekorativ verzieren, z. B. nach antiken Vorlagen, durch Beizen, Schablonenmalerei oder Lackieren.

Der Stil variiert bei Holzbetten vom Himmelbett bis zu solchen mit schlichten Kopfteilen, eventuell verziert mit gedrechselten Pfosten. Himmelbetten waren früher mit schweren Stoffen verhangen, um vor Licht und Luft zu schützen, doch Mitte des neunzehnten Jahrhunderts setzte sich die Idee von gut gelüfteten Schlafzimmern durch. Leichtere Musselin- und Baumwollstoffe sowie Spitzen kamen in Mode. Bett- und Fenstervorhänge sollten einfach sein; Rüschen und Ähnliches sind fehl am Platz.

Traditionelle Eisen- und Messingbetten sind relativ leicht aufzuspüren, auch Nachbildungen bekommt man überall.

In vielen antiken Betten schläft's sich leider schlecht, meist fallen sie auch kürzer aus als moderne Betten. Die Matratze (mit Stroh oder Federn ausgestopft) wurde durch Stricke gehalten, die durch Löcher in den Seitenteilen gefädelt waren. Die Seitenwände kann man durch „maßgeschneiderte" ersetzen, statt der Roste aus Stricken oder Spiralfedern nimmt man besser Lattenroste.

In europäischen Bauernhäusern sind Betten oft in Nischen gebaut, meist in Ofennähe. Das Bett steht auf einem Sockel, den man als Stauraum nutzen kann, und die Nische ist eingerahmt durch dekorative Vertäfelung, manchmal abgegrenzt durch leichte Gardinen. In Skandinavien sind die Paneelen oft weiß angestrichen, die Leisten dagegen sind durch kräftiges Blau, Rot oder Grün hervorgehoben; weiter südlich bleibt das Holz oft unbehandelt. Ein eingebautes Bett ist eine gute platzsparende Lösung und macht sich gut in Kinderzimmern.

Moderne Sockel und Matratzen passen auch ins rustikale Schlafzimmer, etwas aufgepeppt durch eine wunderschöne Patchworkdecke oder eine traditionelle Webdecke. Ein handgeschnitztes Kopfteil aus einem Antiquitätenladen oder selbst angefertigt, eine Stickerei oder eine Patchworkdecke, die an Stelle des Kopfteils an der Wand hängt, oder viele hübsche Kissen verstärken die ländliche Atmosphäre.

Blau und Weiß
Große blauweiße Karos zieren den Himmel und die Bettdecke in Casey's Farmhouse in Rhode Island (oben). Der ursprüngliche Betthimmel bestand vermutlich aus schwererem Stoff, um die Schläfer vor der kühlen Nachtluft zu schützen. Mitte des neunzehnten Jahrhunderts änderte sich diese Einstellung.

Tiefblau umrandet ist dieses in die Wand eingebaute Schrankbett in einer bretonischen Fischerhütte (links). So ein Bett eignet sich vor allem für räumlich knapp bemessene Kinderzimmer. Hier ist sowohl Platz für Einzel- als auch für Etagenbetten.

Schöne Betten
Die dunklen eleganten Linien und die vornehme Schönheit des mit Pfeilmustern verzierten Metallbetts im Empirestil (links) hebt sich von den weiß verputzten Wänden und dem Steinfliesenboden ab. Ein Tisch mit Korkenzieherbeinen und ein italienisches Gemälde aus dem achtzehnten Jahrhundert steuern weitere Details zur sparsamen Möblierung bei.

Das elegant polierte, geschnitzte Holzbett (oben) kontrastiert mit dem ungewöhnlichen Farbton der Holztäfelung.

Kopf- und Fußteile

Es gibt viele fertige Kopfteile zu kaufen, doch auch unkonventionelle Stücke können einem Schlafzimmer eine besondere Note verleihen.

- Ein Rahmen aus geschnitztem Holz – etwa eine dekorative Zierleiste oder eine Rückwand aus einem alten Sideboard – läßt sich innen am Bett festschrauben oder direkt an der Wand befestigen.
- Eine Patchworkdecke oder eine bestickte Decke lassen sich an einer Handtuchstange an der Wand über dem Bett befestigen.

Bettwäsche

Klein, aber fein
Ein weißes Eisenbett (links) mit weißer Spitzenbettwäsche und alter weißer Bettdecke. Alte Laken und Kissenbezüge mit antiker Spitze, wie man sie auf Flohmärkten oder in Secondhandläden findet, verwandeln dieses New Yorker Schlafzimmer in ein ländliches Boudoir.

Die Technik der Weißstikkerei auf dieser Decke (unten links) nennt sich walisische Stepperei, hier im Rautenmuster mit doppeltem Saum. Das hohe Kopfteil und der dazu passende Schrank muten fast neogotisch an.

Gewagte Muster
Ein Schlafzimmer in New Hampshire (rechts) im Stil des achtzehnten Jahrhunderts. Der schier überwältigende Mustermix wurde mit der größten Selbstverständlichkeit vorgenommen. Eine Patchworkdecke in Knallrot, Weiß und Braun dominiert das Zimmer vor dem Hintergrund einer schönen blauen Blümchentapete, Vorhängen mit Stickereien und gestreiften Läufern.

Zu einem echten Landhausbett gehört ein alter Quilt, evtl. ein Familienerbstück. Die Palette reicht von Decken aus handversponnener Wolle, aufwendigen Patchworkdecken bis zu wunderschönen Decken mit Applikationen und den farbenfrohen Jacquarddecken, die auf frühen mechanischen Webstühlen hergestellt wurden und im neunzehnten Jahrhundert so beliebt waren.

Das achtzehnte und neunzehnte Jahrhundert wurden in Amerika zur Blütezeit der Patchwork-Kunst. Es wurden Decken, sogenannte Quilts, aus winzigen Rauten und Sechsecken und großen verschiedenfarbigen Quadraten genäht, aus einfacher oder gemusterter Baumwolle, Wolle und Seide; das alles in dezenten Farben, einfachen oder geometrischen Mustern, verziert mit Spiralen, Sternen, Blumen, Tieren und breiten Streifen. Wenn der Quilt fix und fertig gefüttert war, steppte man entweder die Konturen der Muster auf den Flicken nach oder steppte Rauten und Quadrate.

Die Quilttechnik verwandte man auch für einfache Baumwolle oder zum Hervorheben besonderer Muster. Alte Patchworkdecken bekommt man in Antiquitätenläden, sie sind allerdings nicht billig. Sie können sich Ihre eigenen nähen, auch wenn das etwas Zeit kostet. Einfachere Quilts können Sie mit der Maschine nähen, wenn sie natürlich auch nicht an die zauberhaften Handarbeiten heranreichen.

Auffallend schöne Applikationen können Sie mit der Maschine oder mit der Hand anfertigen. Sie schneiden die Figuren aus Druckstoffen aus, z. B. klassische Lilien- oder Arkanthus-Ornamente und applizieren sie auf schweres Leinen, feine Baumwolle oder Samt. Viele applizierte Quilts zeigen jede Blume im Detail, zusammengesetzt aus winzigen Fetzen verschiedenfarbiger Stoffe.

Auch exquisite spanische Schals mit Plattstichstickerei, cremefarbige indianische Wolldecken mit bunter Stickerei oder Häkeldecken machen sich sehr gut als Bettüberwurf.

Blütenweiße Bettwäsche paßt besser zum Landhausstil als die bunte gemusterte Ware, die heute in Mode ist. Neue Leinenwäsche ist sehr teuer, aber man findet immer noch schöne alte Laken und Kissenbezüge in Secondhandläden. Leinen ist sehr langlebig und sieht mit zunehmendem Alter immer besser aus. Leider muß man es stärken und bügeln. Erstklassige Baumwolle, etwa Perkal (mittelfeines, bedrucktes Gewebe), ist eine gute Alternative.

Stauraum

Der schöne Kleiderschrank im Schlafzimmer eines französischen Landhauses stellte oftmals den kostbarsten Besitz der Bewohner dar. Ein derart exquisites Möbel muß einfach zum Schmuckstück des Zimmers werden. Malen Sie Kleiderschränke, Kommoden und andere Schränke aus gutem Holz nicht an oder nur in weichen Farben wie Blaugrün oder Blaßtürkis, die Verzierungen in Gold oder kontrastierender Farbe.

Oft ist in modernen Häusern nicht genügend Platz im Schlafzimmer, um einen Kleiderschrank im Raum frei aufzustellen. Man läßt sich dann einen Einbauschrank bauen. Diese Einrichtungslösung ist nicht neu.

Die Shaker, eine heute fast vergessene Sekte, die im 18. und 19. Jahrhundert in den Vereinigten Staaten verbreitet war, nahmen nur exquisites Holz. Sie bauten daraus noch heute modern anmutende Schrankwände mit glatten Fronten. Weder Türen noch Schubladen besaßen irgendwelche Verzierungen.

Bei Schrankwänden heutzutage empfiehlt es sich aber, ihnen ein rustikaleres Aussehen zu geben und sie mit alten Knäufen, Schlössern und Zierleisten etwas aufzuwerten. Wenn sie farblich angelegt werden sollen, lehnt man sich am besten im Farbton an den der Wand an. Man kann sie auch etwas dunkler halten.

Ordnungshüter

Eine Einbauschrankwand (oben) ganz in Weiß paßt genau unter das schräge Dach. Die Details sind hier besonders liebevoll gestaltet.

Bis auf den letzten Millimeter ist der Platz rund ums Mansardenfenster genutzt (rechts). Die Schubladen und Schränke rahmen den gemütlichen Fensterplatz ein, der mit weichen Kissen in geblümten Baumwollbezügen ausstaffiert ist.

Schränke und Truhen

Ein rustikaler Einbauschrank (links) wurde in die Nische unter der Treppe gebaut. Er ist aus unterschiedlichen Brettern gezimmert, hat schwarze Eisenbeschläge und ein kleines dreieckiges Bord, gerade groß genug für eine Blumenvase.

Schwarze und cremefarbige Herzen, Blumen und Katzen schmücken diese Betttruhe (oben links). Dieses leichte, rhythmische Muster ist typisch für den amerikanischen Kolonialstil.

Schwere Holzmöbel erdrükken manchmal einen Raum. Durch den hellen Farbanstrich (oben) wirkt der an sich langweilige Schrank leichter und eleganter.

Schmückende Details

Helles Licht ist im Schlafzimmer unerwünscht. Zur Atmosphäre passen besser Leuchten, die an weiches Kerzenlicht oder Kaminfeuer erinnern. Als Nachtlämpchen eignen sich antike Öllampen (mit Strom), Kerzenleuchterlampen mit schwarzen Schirmen und ausladenden Keramikfüßen oder schlanke, moderne Halogenleuchten. Ein antikes Tischchen, eine Miniaturkommode oder ein Hocker werden zum Nachttisch, der nur groß genug für eine Leuchte, ein Buch und vielleicht ein Telefon sein muß.

Als krönenden Abschluß verteilen sie Dinge im Zimmer, die den zeitlosen Charme des Landhausstils verkörpern: Korbsammlungen, einen Spiegel mit Holzrahmen, gemusterte Tücher, antike Spitzennachthemden, Bilder von Vögeln und Früchten, Lockenten, antike Krüge, Schalen mit frischen Blumen, einen Stuhl mit Binsensitz.

Lagerfeuerromantik
In den meisten alten Häusern gab es in jedem Zimmer einen Kamin. In diesem Schlafzimmer (ganz links) dient die Feuerstelle mit den Trockenblumen vor allem dekorativen Zwecken. Doch wenn die Nächte kälter werden, erfreut man sich gern wieder des prasselnden Feuers.

Shaker-Eleganz
Ein Schlafzimmer im Shaker-Stil (links) mit einem kleinen Waschtisch aus Kirschbaum, einem altmodischen Wäscheständer, einer einfachen Liege und einer Einbauschrankwand, getreu der „goldenen" Regel: Ins Haus gehört nichts, was man nicht entweder für nützlich oder schön hält.

Patchwork im Schnellverfahren

Eine mit der Maschine genähte Patchworkdecke reicht nicht an Handarbeit heran, ist aber im Nu fertig und gibt einen hübschen Bettüberwurf ab.

– Bevor Sie anfangen zu steppen, planen Sie das Muster. In der Regel hat man mehr Glück mit einer überschaubaren Anordnung der Flicken.
– Verwenden Sie nicht mehr als ein halbes Dutzend verschiedene Stoffe und nur ein, zwei kühne Farben, die sich in wechselnder Intensität in den Stoffen wiederholen.
– Schneiden Sie die Flicken zu Quadraten, Rauten oder Dreiecken – Formen mit mehr als vier Seiten sind schwer mit der Maschine zu nähen. Nähen Sie die Flicken zu Streifen zusammen, die sie dann aneinandernähen.
– Füttern und unterfüttern Sie den Quilt, dann steppen Sie durch alle drei Stofflagen die Konturen der Flicken oder in einem diagonalen Muster quer über den ganzen Quilt.

Zwei im Quadrat
Alte Karteikästen (oben) sind phantastische Spielzeugbehälter. Das Schubladenthema wiederholt sich im Regal, in dem Modellautos, Plüschtiere, Sportgeräte und Hefte untergebracht sind.
Eine maschinell hergestellte Patchworkdecke (rechts) aus roten und weißen Baumwollflicken ist eine praktische, hübsche Tagesdecke für ein Kinderbett.

In Kindergröße
Ein kleiner Kleiderschrank (oben links) aus Kiefernholz paßt wunderbar in ein Kinderzimmer. Die Spitzendecke ist eine hübsche Unterlage für die reizende Sammlung von Teddybären, Puppen und Plüschhasen.

PACIFIC COAST BORAX CO.
20 MULE TEAM POWDERED BORAX. HYGIENIC SOAPS. SOAP CHIPS.
"BORAXO" BATH POWDER. BORIC TALCUM POWDER. POWDERED SPANGLE BORIC

Badezimmer

Wanne mit Füßen
Eine solide Emaillewanne (links) mit Füßen fand noch Platz in einer Schlafzimmerecke unter einer Dachschräge. Die Messingarmaturen blinken mit den Handtuchstangen um die Wette, und das Waschbecken bekam einen dekorativen Ständer.

Raumsparer
Ein schmaler antiker Kupferzuber (oben) braucht wenig Platz und ist doch mal was anderes. Er steht auf einem Sockel, der passend zum Boden gefliest ist.

Die ländlichen Badezimmer auf den Bildern des französischen Impressionisten Paul Bonnard, der Frauen beim Baden malte, zeigen Fußbadewannen mit Rollrand, Wände mit Holzpaneelen und Holzfußböden oder auch bedrucktem Linoleum. Holzpaneelen tauchen in rustikalen Bädern immer wieder auf, besonders in den Holzhäusern Nordamerikas, Neuseelands und Australiens. Dort bedecken Sie die Wände vom Fußboden bis zur Decke oder den unteren Teil der Wand, der obere Teil ist nur verputzt oder tapeziert.

Kalkputz eignet sich hervorragend für Badezimmerwände. Man kann ihn weiß, cremefarben oder in Pastelltönen oder auch in kräftigeren Farben tünchen, vielleicht mit kleinen Holzleisten oder Schablonenbordüren verzieren. Wählen Sie matte oder seidenmatte Anstriche. Hochglänzend eignet sich zwar für Holz, führt aber zum Beschlagen der Wände.

Die Italiener mögen am liebsten weiße oder cremefarbene Kacheln vom Boden bis zur Decke. Statt der Badewanne haben Sie oft offene Duschen und einen leicht abfallenden Boden für das abfließende Wasser. Auch in französischen Bauernhäusern sind Wände und Böden gekachelt, beliebt sind vor allem Wände mit hohen Sokkeln. So hat ein Bad etwa den oberen Teil der Wände und den Fußboden weiß gekachelt mit kleinen grünen Karos, den unteren Teil der Wände grün, und dazu evtl. rosafarbene Korbmöbel und Pflanzen in Hülle und Fülle.

Viele Beläge aus Linoleum und Vinyl gibt es jetzt im traditionellen Kacheldekor. Ein schwarzweißes Schachbrettmuster, passend zu rosafarbenen Wänden, kommt direkt aus der altrömischen Landschaft. Derselbe Raum könnte auch eine Sockelwand in Türkis, Grün oder Rostrot haben, die Sockelabschlußlinie in schwarzweißem Streifenmuster. Geometrische und Blumenmuster eignen sich gleich gut für den Country-Look. Wände in blassem Rosa und Beige sind typisch englisch.

Badezimmerfenster haben meist Milchglas und brauchen keine Vorhänge. Verzieren Sie den Rahmen von Hand mit Schablonenmalerei oder Bordüren. Nehmen Sie jeweils unterschiedliche Farben für Blätter, Blumen, Vögel, Fische oder geometrische Muster und Kontrastfarben für kompliziertere Dessins. Verfahren Sie mit den Türrahmen genauso. Die oberen Füllungen der Tür lassen sich durch einfache, gemusterte oder bunte Glasscheiben ersetzen. Durch buntes Glas scheinendes Sonnenlicht wirkt ausgesprochen rustikal.

Emaillierte, gußeiserne oder Stahlwannen mit Füßen sind traditionell, ebenfalls Einbauwannen mit Vertäfelung, während Plastik- oder Acrylverkleidung sowie farbige Wannen unpassend sind. Separate Duschen sehen mit gläsernen Abtrennungen am besten aus. Waschtische sind denkbar mit Säule, in die Wand montiert oder eingelassen in einen Marmortisch. Traditionelle Wasserhähne sind praktischer und schöner als klobig wirkende moderne Versionen. Wie die Wannen und Waschbecken sollten auch die Toiletten weiß sein, möglichst mit Holzdeckel.

Wenn das Elementare stimmt, kommen die kleinen Extras zur Verschönerung des Bads an die Reihe: ein Korbsessel, ein Rost oder eine Seegrasmatte, ein Schwamm, Rosenwasser in blauen Glasflaschen, Körbchen mit hübschen Seifenstückchen, ein Spiegel mit bemaltem Rahmen, ein freistehender Handtuchständer und schöne Seifenschalen aus Porzellan.

Schönheitsbad
Die klassische Schönheit dieses antiken Steinbads gewinnt noch durch die teilweise Verhüllung unter dem Spitzenbaldachin. Hier kann man sich diskret zurückziehen. Auch hübsche Leuchten und Zierat sind im Bad nicht verkehrt.

Farbe und Kacheln
Der Wäscheschrank ist mit seiner abblätternden blaugrünen Farbe sozusagen „naturbelassen". Er wirkt vor dem Kachelhintergrund eher nobel als schäbig.

Das gewisse Etwas
Die altmodischen Wasserhähne aus Messing (oben) spiegeln sich in der regenbogenbunten Kachelwand. Ähnliche Farben tauchen in einem anderen Bad auf (rechts), doch an ganz anderen Gegenständen.

Hier ist unbehandeltes Holz ein Gegengewicht zum bemalten, das Funktionale wird ausgespielt gegen das rein Dekorative. Witzig auch der Kontrast zwischen dem Apothekenschränkchen und dem Stilleben im Fenster.

Natürliches Licht im Bad

Besonders in kleinen Apartments gibt es oft nur künstliche Beleuchtung im Bad. Der Landhaus-Appeal wird verstärkt, wenn man die oberen Holzkassetten einer alten Tür durch Glasscheiben ersetzt. Verstärktes Milchglas bekommt man in einfacher, gemusterter oder geätzter Ausführung, transparentes Glas verhängt man mit Musselingardinen.

- Entfernen Sie nur an einer Türseite die Zierleiste und nehmen Sie die Holzkassette heraus. Nehmen Sie diese als Muster für den Glaser, der Ihnen danach zwei Scheiben passend schneidet.
- Wählen Sie eine neue passende Zierleiste, schneiden Sie sie auf Gehrung.
- Rücken Sie die Scheibe auf der Tür zurecht, befestigen Sie sie mit Klebestreifen an der Tür. Passen Sie die Leiste von der Innenseite an und leimen Sie sie fest an.

Warmes, weiches Gelb

Die verschiedenen Gelbtöne der Holzpaneelwand und der Tapete auf dem oberen Teil der Wand werden durch eine schmale Bordüre getrennt.

Der winzige Kamin erinnert daran, daß man sich im Bad auch entspannen kann.

GARTENZIMMER, DRINNEN UND DRAUSSEN

Licht und Schatten

Eine Nische (links), die vor der heißen Mittelmeersonne schützt, ist genau der richtige Platz für eine Mahlzeit im Freien. Dagegen steht der andere Tisch (oben) bewußt so, daß er die Strahlen der frühen Abendsonne ganz einfangen kann.

Die Übergänge zwischen Drinnen und Draußen sind auf dem Land fließend, es gibt eine gewisse Kontinuität. Das Gartenzimmer – der Wintergarten, die Veranda oder der Balkon – sind fester Bestandteil des Landhauses und betonen den Wechsel vom Haus zum Garten hinaus. In diesen Räumen mit dem behaglichen und altmodischen Interieur der Korbsessel und Sofas kann man in Nostalgie nur so schwelgen.

Auch dem modernsten Haus verleiht ein Gartenzimmer das gewisse Landhaus-Flair. Es muß nicht immer ein Wintergarten oder eine Veranda sein. Ein sonniges Eckchen wird mit Gartenmöbeln, vielen Kissen, Lavendel- und Rosmarinsträuchern in Körben und Vasen, grün glasierten Blumentöpfen und ein, zwei hohen extravaganten Pflanzen wie einem Zitronenbaum oder in Figuren beschnittene Bäume zum Garten Eden.

Ein Zimmer mit Aussicht
Der gelb, grün und cremefarben geflieste Fußboden fällt bei diesem Wintergarten (ganz links) voller Pflanzen und Korbmöbel sofort ins Auge. Ein Vorhang aus Segeltuch schirmt den Raum gegen die gleißende Mittagssonne ab, und verwandelt ihn in eine Oase der Entspannung oder auch des ungestörten Arbeitens.

Verwischt werden die Grenzen zwischen Drinnen und Draußen, wenn man in diesem Glashaus sitzt und die Blicke durch das Blattwerk hoher Palmen und Weinranken schweifen läßt, die unter und auf dem Dach entlangwandern.

Einrichtung von Wintergärten

Pflanzen im Überfluß sind nötig, um ein modernes Gewächshaus rustikal erscheinen zu lassen, allerdings sollte einiges dabei beachtet werden.

- Das Glashaus muß gut belüftet sein durch Luftschlitze im Dach (in Fußbodennähe würden sie Zugluft verursachen).
- Im Sommer braucht man etwas zur Beschattung.
- Der Fußboden muß wasserfest sein, um dem regelmäßigen Gießen standzuhalten.
- Das Mobiliar darf nicht feuchtigkeitsempfindlich sein. Für Tische und Stühle wählen Sie Rattan und anderes tropengeeignetes Material.
- Elektrostecker sollten geschützt oder im Haupthaus liegen.

Wintergärten

Obwohl ein erheblicher Unterschied im Stil zwischen Wintergärten und Sonnenzimmern besteht, handelt es sich bei beiden um Zimmer unter Glas auf der Sonnenseite des Hauses. Eingetaucht in das Bad der Sonnenstrahlen kann man den Winter von fern betrachten und den Sommer intensiver erleben.

Ursprünglich war der Wintergarten, ein Glashaus für Nordeuropa und die viktorianische Ära, den Pflanzen gewidmet, je exotischer sie waren, desto besser. Vorläuferin war die Orangerie – ein Pavillon oder eine offene oder verglaste Loggia – aus denselben Materialien und im selben Stil erbaut wie das Haupthaus. Doch Joseph Paxtons Kristallpalast, 1851 für die Weltausstellung in London errichtet, brachte elegante Wintergärten und Glashäuser aus vorgefertigtem Stahl und Glas in Mode.

Egal ob viktorianisch oder modern, ob großer Raum oder ein kleiner Anbau, der Wintergarten hat ein spitzes oder schräges Glasdach. Die tief liegenden Fenster sind entweder in niedrige Mauern eingebettet, die aus dem gleichen Material sind wie das Haupt-

Zwanglose Tradition

Die Orangerie (unten) – traditionell ein Zimmer mit gemäßigter Temperatur zur Zucht von Zitrusbäumen – dient gleichzeitig als Wohnzimmer und Eßdiele. Um das zwanglose Element zu betonen, haben sich die Bewohner zu einer Kombination von Gartenklappstühlen, einem Tisch und überdimensionalen Holzmöbeln entschlossen.

haus, oder die Glaswände reichen vom Boden bis zur Decke. Traditionell sind die Fußböden unempfindlich gegen Nässe. Sie können wie folgt aussehen: elegante farbige Fliesenmosaiken, Backsteine oder Steinfliesen in warmen Tönen, Marmor, Granit oder Schiefer, sogar Holz. Unbehandelte oder angestrichene Dielenbretter eignen sich für Wintergärten, die mehr als Wohnzimmer denn als Gewächshaus genutzt werden.

Wintergärten kann man in vielen Größen und Stilrichtungen beziehen. Bestimmt bieten sich auch für Ihr Haus, handelt es sich nun um einen Raum zu ebener Erde, Dach oder Balkon, einige Möglichkeiten. Am besten sieht ein Metallrahmen weiß gestrichen aus; mit einem wunderschönen Fußboden, schönen Pflanzen und Korbmöbeln wird auch der einfachste Wintergarten zur Bereicherung Ihres Heims. Ein Glashaus mit Holzrahmen ist meist teurer und braucht mehr Wartung, paßt aber oft besser zum Stil des Haupthauses. Ein mit Glas überdachter Weg am Haus entlang schafft einen hellen Korridor, den man voller Pflanzen stellen kann.

Im Sonnenzimmer sind Pflanzen und Exotisches weniger wichtig. Es handelt sich um ein anspruchsloses Zimmer im Haus, das möglichst viel Sonne einfangen soll. Vielleicht besteht es nur aus einem verglasten Erker oder einem Zimmer mit einer Glaswand. Beim Öffnen der Fenster strömen die Düfte des Gartens herein. Vielleicht führt auch eine Tür in den Garten oder auf die Veranda.

Ist das Glashaus an das Haus angebaut oder Teil der Veranda, sind ein, zwei Wände vielleicht aus demselben Material wie die Hausfassade – rauher Putz, Stein, Ziegel oder Holzverschalung; die anderen Wände sind vermutlich aus Holz. Oft sind sie weiß oder hell oder aber in kräftigem Rosa oder Gelb getüncht. Vor diesem Hintergrund sollten sie farbenfrohe Läufer, gemusterte Kissen und Polster und bemalte Korbmöbel zwischen hängenden und stehenden Pflanzen plazieren.

Gleißendes Licht
Die Rahmen der vom Boden bis zur Decke reichenden Fenster (links) mit integrierten Regalen wirken wie Gitter. Der Raum liegt im oberen Stockwerk. Die orange-grün gestreiften Sonnensegel lassen sich leicht raffen und schließen. Sonnenzimmer und Wintergärten werden im Hochsommer oft unerträglich heiß und brauchen Sonnenschutz: Rollos oder Jalousien, Raffrollos, die sich in weichen Falten zusammenlegen lassen, sehen gut aus, aber auch leicht über Drähte drapierter Musselin.

Veranden

Fast in allen Ländern schützen Veranden mit offenen Wänden und leicht erhöht über dem Erdboden gebaut vor der Unberechenbarkeit des Wetters, sei es die sengende Sonne oder Regen und Hagel. Doch außer in wirklich unwirtlichen Breitengraden gelten sie als Open-air-Zimmer, in dem man den Sommer genießt.

Die Veranda liegt weder drinnen noch draußen, sie bildet den Übergang zwischen der Hitze draußen und der Kühle im Haus. Zur Straße hin gelegene Veranden dienen oft der Kontaktaufnahme mit den Nachbarn. Oder sie liegen weiter ab, umschlossen von Zäunen oder Hecken oder versteckt an der Seite oder hinter dem Haus.

Die wunderschönen Villen in der Neuen Welt haben Veranden aus Holz oder Gußeisen, mit malerischen Giebeln. Die Fußbodendielen reichen vom Haus bis zum Garten, sie nehmen unter Witterungseinfluß eine silbrige Färbung an. Die Dächer sind schräg oder geschwungen, oft aus Schmiedeeisen, das in Europa nicht so recht zu Ehren kommt. Die Veranden gibt es auch als solide Stein- oder Backsteinbauten, aus denselben Materialien wie das Haus. Sie erweitern die Wohnfläche nach außen.

Norwegischer Eingang
Von vorn könnte man diesen hübschen, dreifach gewölbten Eingangsbereich der norwegischen Veranda für einen Balkon halten (links). Die Stufen zur Haustür sind verdeckt durch die Blumenhecke. Durch die kunstvollen ausgesägten Bögen gewinnt das eher schlichte Holz ungemein.

Hitze und Staub
Heiße Länder bringen oft einfache Architektur hervor. Diese breite Betonveranda (oben) umsäumt das ganze Haus, liefert einen schattigen Platz im Freien mit Liegestühlen und hält das Haus innen kühl.

Das schmiedeeiserne Dach eines typisch australischen Hauses mit Holzverschalung reicht bis über die beidseitig abgeschirmte Veranda (unten).

Möbel

Korbmöbel mit Charme
Den Ehrenplatz hat der alte Armlehnstuhl (oben links) in diesem Sonnenzimmer mit Glaswänden und unverwüstlichem Steinfußboden.

Ein weißes Zweisitzersofa aus Korb mit blauweißen Kissen belebt den ganz in Weiß gehaltenen Raum (links).

Gewächshaus
Grüne Möbel sehen hier besonders gut aus (oben).

Eine Plattform aus Backstein (rechts) in einem idyllischen spanischen Garten lockt mit einer Hängematte, die zwischen Stangen aufgehängt ist.

Gartenzimmer – ob Veranda oder Wintergarten – sind zwanglose, einladende Orte. Das Interieur ist vor allem komfortabel und frei zwischen Terrakottatöpfen und Holzkübeln verteilt. Die Sofas haben lose Chintz- oder Drellbezüge mit vielen verschiedenen Kissen statt maßgeschneiderten Polstern. Sie besitzen Korbrahmen oder sind in die Veranda eingebaut. Unter den Stühlen sind Schaukelstühle, Eisen-, Korb- und Rattansessel. Tische sind niedrig und stabil, damit man die Füße darauf ausstrecken kann. Verschiedene Sofas harmonieren, wenn sie in derselben Farbe angestrichen werden – weiß, schwarz, rot, grün oder auch violett. Kissen sollten auffallen, bezogen mit geblümtem Chintz, Segeltuch und gewebter Baumwolle, mit Streifen, geometrischen Mustern, Kattun, bunten Batiken oder schreienden Hawaii-Mustern.

Zur Mittagszeit wird es auf der Veranda oder im Wintergarten oft unangenehm heiß, daher braucht man eine Beschattung. Am besten eignen sich Raffrollos. Dickes, ungebleichtes Leinen, das von der Decke bis zum Boden hängt und hin- und herschwingt, belebt eine nüchterne Veranda. Bambusrollos oder Holzjalousien passen auch sehr gut. Markisen sieht man eigentlich mehr vor Ladenfenstern, nehmen sich aber auch vor großen Wohnzimmerfenstern gut aus.

Mit Pflanzen runden Sie das Bild ab. Ampeln mit Farn und Fuchsien hängen von den Dachbalken herab, Glyzinien schlingen sich um die Verandasäulen, Rosen stehen als Gruppe in Töpfen zusammen, hohe Palmen werden zum Blickfang im Wintergarten, Gänseblümchen und Hortensienbüsche säumen die Eingangsstufen.

Speisen im Grünen

Rankender Wein
Ein sonnenbeschienener Eßplatz (unten) entstand hier durch eine niedrige Mauer als Abgrenzung zum Garten mit weinberankter Pergola. Der Spiegel bewirkt eine optische Vergrößerung der Veranda.

Umgeben von Gartendüften und -geräuschen speist es sich noch einmal so gut. Blätterrascheln und einfallende Sonnenstrahlen lassen einen einfachen Imbiß mit Brot, Käse und Rotwein zum Festmahl auf der Terrasse werden. Laue, lauschige Nächte im Kerzen- und Mondenschein verführen zu angeregter Unterhaltung.

Kochen auf offenem Feuer oder Grillen zählt zu den besonderen Gaumenfreuden in freier Natur. Das lästige Hin und Her zur Küche und zurück entfällt. Ein traditionelles Grillfaß oder ein japanischer Grill eignen sich besser für einen Balkon und sehen auch schöner aus als manches freistehende Modell. Ein selbstgebauter Ofen ist dagegen ideal. Falls der Eßplatz nicht direkt am Haus liegt, denken Sie auch

an einen Behälter, in dem ein Kühlschrank für Getränke Platz findet.

Ein Eßplatz im Freien sollte eine Umgrenzung haben, sollte das Gefühl vermitteln, daß man sich in einem in sich abgeschlossenen Raum befindet. Eine Außenwand des Hauses, ein Spalier, Säulen und Pflanzen bieten Wind- und Sichtschutz. Das Dach sollte zum Himmel hin mindestens teilweise offen sein, es kann aus Latten, Spalieren, Ranken oder Rattanrollos bestehen, lauter Materialien, mit denen sich der Eßplatz auch „beschatten" läßt. Alternativ läßt sich ein Dach aus Leinwand in Form eines Sonnensegels konstruieren, das man wie ein Raffrollo an Stricken auf- und zuzieht. Oder man nimmt einen großen Sonnenschirm aus Leinwand für den Tisch.

Spezielle Gartenmöbel können auf eine lange Produktionsgeschichte zurückblicken. Manche sind so schön, daß sie Einzug ins Haus halten könnten. Stein- oder Marmortische und -bänke und niedrige Mauern sind für den Daueraufenthalt im Freien bestimmt. Andere, besonders langlebige Tische und Stühle aus massivem Teakholz oder Gußeisen sollen Wind und Wetter trotzen. Alle Möbel aus Korb und Holz, die sich so gut ausnehmen auf Terrassen und Wintergärten, dürfen genausowenig wie Klapptische oder -stühle im Regen stehen bleiben. Vor allem müssen die Tische fest stehen – kein leichtes Unterfangen auf unebenem Boden – und die Stühle sollen bequem sein. Denn hier will man sich noch lange aufhalten, nachdem das Geschirr abgeräumt ist.

Gepflasterte Terrasse
Eine lange, mit Steinplatten gepflasterte Terrasse, wird durch eine Pergola beschattet. Praktisch ist die Nähe des Eßplatzes zur Küchentür.

Romantische Beleuchtung

Soll ein Eßplatz im Garten bis spät in den Abend genutzt werden, empfiehlt sich eine Außenbeleuchtung. Stimmungsvoller ist natürlich Kerzenschein.

- Kerzen auf dem Tisch steckt man in tiefe Glasständer, um zu verhindern, daß ein leichter Windstoß sie auspustet.
- Rings um den Eßplatz kommen Gartenfackeln in den Boden, dazu stellt man Kerzen auf den Tisch.

LÄNDLICHE GÄRTEN

Farbenpracht

Einsam ragt die Terrakottavogeltränke (links) aus dem Flammenmeer der Dahlien. Die scheinbar wild wachsenden Blumen sind sorgfältig nach Farben ausgesucht worden – von Creme, Gelb, weichem Orange und Blaßrosa über Purpur bis Rot. Der Korb (oben) zeigt die Früchte des Herbstes.

Alles wächst im ländlichen Garten wie Kraut und Rüben durcheinander, Geißblatt und Rosen, Jasmin, Stockrosen, Glockenblumen und Gänseblümchen mit Rosmarin und Schnittlauch und immergrünen Pflanzen. Vielleicht gibt es auch ein Stückchen Wiese unter einem Birnbaum, einen kleinen Brunnen oder eine Sonnenuhr. Eventuell eine schattige Laube mit Rosen berankt und darum eine Eibenhecke oder Steinmauer. Die Wege sind aus Backstein, Steinplatten oder hellem Kies, und irgendwo ist sicherlich ein ruhiges Plätzchen, auf das man sich unbemerkt zurückziehen kann.

Ländliche Gärten lassen sich auch auf dem Balkon oder Flachdach anlegen. Pflanzen wachsen auch in reizenden Holzkübeln und hübschen Terrakottatöpfen. Hohe Palmen und immergrüne Gehölze schützen vor neugierigen Blicken und Wind.

Ebenso denkbar sind Kübelpflanzen und hängende Körbe mit Geranien und Fuchsien, Schwertlilien, Kletterrosen und Wicken, Lupinen, Glockenblumen, Mohn und Pfingstrosen. Ein paar Zwergapfel- oder -birnbäume tragen Blüten und Früchte, an Stangen ranken grüne Bohnen und Tomaten, Kräuter zieht man in einer Kollektion von Terrakottatöpfen.

Kräutergarten

Ein Kräutergarten ist ein Muß für jedes Landhaus, auch wenn es nur Töpfe auf einer sonnigen Fensterbank sind. Zu den wichtigsten Kräutern zählen:

Basilikum (einjährig)
Lorbeer (mehrjährig)
Schnittlauch (mehrjährig)
Dill (einjährig)
Fenchel (mehrjährig)
Majoran (mehrjährig)
Minze (mehrjährig)
Petersilie (zweijährig)
Rosmarin (mehrjährig)
Salbei (mehrjährig)
Estragon (mehrjährig)
Thymian (mehrjährig)

Rosengärten
In einen richtigen Bauerngarten gehören unbedingt Rosen. Hier (links oben) wachsen Rosen nur auf Beeten. Andere Kletterpflanzen, wie Sommerjasmin und Klematis begrünen die Wände.

Eine von zwei Seiten geschützte Ecke (links unten) bietet sich zum Sitzen geradezu an. Auch der Kräutergarten und die bunten Gartenblumen gedeihen hier prächtig. Der Kiesweg ist eine arbeitssparende Alternative zum Rasen.

Ein Grasweg führt von einem Gartentor (rechts) vorbei an hochgebundenen Dahlien. Auf der anderen Seite wachsen rosa und rote Rosen am Zaun entlang.

Blumengärten

Großzügigkeit
macht das Wesen des ländlichen Gartens aus; üppiger Pflanzenwuchs, sei es in einer Terrakotta-Urne voller gelber und orangeroter Mohnblumen (links oben) oder als Rhapsodie in Blau, Violett und Flieder (unten links) mit den silbrigen Blättern von Ackerminze und Lavendel.

Feuchteliebende Pflanzen
Ein Garten mit natürlichem Bach oder Teich ist von unschätzbarem Wert. Dieser Garten (oben) ist dicht bepflanzt mit Arten, die in Feuchtgebieten oder am Wasserrand gedeihen, darunter bunte Funkien, Malven, Schlüsselblumen und Bambus.

Es spricht vieles für die Anlage eines Gartens voller Büsche und Bäume, einem immergrünen Rahmen, in dem sich die Schönheiten der mit ein-, zwei- oder mehrjährigen Pflanzen bewachsenen Blumenrabatten dem Auge darbieten. Blumen spielen eine große Rolle im Bauerngarten: Sie machen das Leben bunter und verbreiten süßen Duft im Haus. Idealerweise sollte ein Garten so bepflanzt sein, daß man das ganze Jahr über Blumen schneiden und sich die ganze Pracht ins Haus holen kann.

Besonders gut zur Geltung kommen die üppig wuchernden Blumen vor dem Hintergrund einer Ziegel- oder Steinmauer, oder auch vor einer dichten Hecke aus immergrünen Gehölzen. Einfache, „altmodische“ Blumen passen hier besser ins Bild als neue Hybridenzüchtungen. Es sollte fast wie ein Wildgarten wirken, wie das Produkt eines glücklichen Zufalls.

Im Frühjahr ist die Zeit der Zwiebelgewächse und Blüten. Tulpe und Iris nicken mit ihren farbenprächtigen Köpfen unter blühenden Mandel- und Pflaumenbäumen, das Gras bedeckt ein Teppich aus Krokussen und Hyazinthen. Bald kommen Lupinen, Bartnelken, Rittersporn, Jasmin und Lavendal dazu. Im Hochsommer fällt die Wahl schwer. Auf jeden Fall sollten Rosen nicht fehlen oder die romantischen Rankenpflanzen Klematis, Wicken, Passionsblumen und Glyzinen (die etwa an einem Obstbaum hochklettern), auch nicht süß duftende Nelken und allerlei Kräuter. Im Herbst, wenn die Blätter nach Art des Chamäleons die Farbe wechseln, stehen Fuchsien und Chrysanthemen noch in Blüte. Im Winter kommt die große Zeit der immergrünen Pflanzen. Farbe und Duft bringen dann die Winterblüte (Chionanthus), ein laubwechselnder, stark duftender Gewürzstrauch, winterblühende Arten von Schneeball und Geißblatt, Schneeglöckchen und Nieswurz.

Schwierig ist es nur, ein heilloses Durcheinander von Farben zu vermeiden. Bestimmte Strategien sind erforderlich, um alles farblich aufeinander abzustimmen.

Eine gute Methode ist es, sanfte Farben zu wählen – blasse Rosétöne in Kombination mit Gelb und Blauschattierungen und wenigen kräftigeren Farbtupfern. Einfarbige Gärten sehen auch gut aus, obwohl der Begriff Einfarbigkeit weit gefaßt ist. Der berühmte weiße Garten in Sissinghurst in Kent, entworfen von Vita Sackville-West und Harold Nicolson, blüht in den Tönen von Blütenweiß, Cremefarben, bis Blaß- und Dottergelb. Ein blauer Garten gewinnt durch Beigaben von Weiß, Creme und Gelb, vielleicht auch durch ein wenig Rot als Kontrast. Die Blautöne rangieren von Blaßblau bis Violett.

Die bedeutende Rolle der Blätter wird leicht übersehen. Form- und Farbenvielfalt bringen Abwechslung. Die kleinen lanzettförmigen Blätter vom Zwergbuchsbaum säumen Beete voller silbergrauer Nelkenblätter, dicken leuchtendgrünen Stengeln der Brustwurz (Angelika), gefiedertem blaugrünem Dill, Rosen mit dornigen Zweigen, Funkien mit ihren spitz zulaufenden Blättern und Schwalbenwurzenzian mit seinen gebogenen Stengeln und hellgrünen Blättern.

Ein Bauerngarten sieht nie geplant aus, auch wenn er einige formale Elemente aufweisen kann: Die Beete sind vielleicht symmetrisch angelegt und mit Zwergbuchsbaum, Lavendel, Schnittlauch oder Petersilie eingefaßt. Oder ein sehr niedriges labyrinthartig angelegtes Beet stellt ein formales Element im Garten dar, wirkt aber sehr bunt mit vielen einjährigen Blumen. Nur aus Buchsbaum bleibt es das ganze Jahr über grün. Figurenbäumchen gelten auch als formal, gehören aber auch zum Bauerngarten. Besonders an Eingängen oder in Alleen werden einzelne oder paarweise angepflanzte Büsche in Form von Pyramiden, Kugeln und Würfeln zum Blickfang.

Ein großer gepflegter Rasen gehört nicht in den Bauerngarten. Wiese sollte auf kleine Flächen beschränkt bleiben oder auf Wegen wachsen, die nicht zu schwer belastet werden. Am besten schneidet man das Gras mit einem altmodischen Handrasenmäher, dann sieht es natürlicher aus. Wiesen mit Wildblumen passen auch in allerkleinste Gärten. Im Fachhandel erhält man Samenmischungen für Blumenwiesen. Duftende Wiesen mit Kamille oder Thymian sind arbeitsaufwendiger und nicht so strapazierfähig wie normales Gras. Doch zweifellos sind sie eine Augenweide, und es ist angenehm, darüber zu laufen.

Groß und breit
Ein Blumenbeet bringt einen großen Farbtupfer in den Bauerngarten. Hier (links) überzieht ein breites Band blauer Vergißmeinnicht, gesprenkelt mit orangerotem Goldlack, den Garten wie mit einem Teppich.

Gartenwege

Zu einem Bauerngarten passen verschiedene Wege. Neue Backstein- oder Plattenwege sehen freundlicher aus, wenn winzige Bodendecker aus den Fugen sprießen, z. B. Thymian oder Kamille.

- Graswege sind natürlich nicht so belastbar wie Platten- oder Backsteinpflaster, doch das schöne Grün und ihre samtige Weichheit sprechen für sie.
- Backsteine – Pflasterziegel – lassen sich diagonal, im Fischgrät- oder Flechtmuster verlegen.
- Granitplatten oder Kies lassen sich kombinieren, allerdings muß ein Kiesweg ständig gejätet werden. Besonders heller Kies wirkt gut.
- Natursteinplatten sind teuer, sind aber am strapazierfähigsten und sicher auch die schönste Lösung.

Kraut und Rüben

Leben und Stilleben
Nicht nur Pflanzen machen den Bauerngarten aus. Einen Steintrog (ganz oben) hat sich diese Glucke mit ihren Küken zum Nest erkoren. Sie betten sich auf den Geranien wie auf Stroh. Eifrig wacht die gut „betuchte" Vogelscheuche (oben) über Gemüse und Blumen.

Der Apfelzyklus
Im Sommer spendet der Apfelbaum (rechts) willkommenen Schatten, während die Früchte heranreifen und sich die Blätter allmählich färben. Im Winter lassen die nackten Zweige genügend Licht ins Haus fallen, doch bald verwandeln sie sich wieder in ein Blütenmeer.

Diesen prächtigen Gemüsegarten schützt ein Käfig aus Draht und Pfosten vor Tauben und Schmetterlingen (ganz rechts).

Frisches Obst und Gemüse direkt aus dem schönen Garten ist Landhausstil in Reinkultur. Viele Kräuter und Gemüsearten werden oft als Zierpflanzen unterschätzt. Sie gehören aber mit in den Blumengarten, sollten kein einsames Dasein im Küchengarten fristen. Als Beeteinfassung eignen sich vorzüglich Schnittlauch, Thymian, Petersilie, Lavendel oder Rosmarin. Rot- und Grünkohl, Erbsen und Bohnen am Stangengerüst und Artischocken sind nicht minder schön als die spalierten, gefächerten Apfel- und Birnbäume, deren Vorrang im Garten unangefochten bleibt.

Im traditionellen Bauerngarten ist der separate Küchengarten von Mauern umgeben, als Schutz vor Tieren. Auffallend dekorativ wirken gemischte Kräuter- und Gemüsebeete im Gegensatz zur Reihenbepflanzung. Paarweise gesetzte Johannisbeersträucher, Stachelbeeren oder Holzäpfel – sogar in Kugel- oder Pyramidenform geschnittene Lorbeerbäume – machen sich

gut am Eingang oder als Mittelpunkt des Gartens. Dies ist ein arbeitsintensiver Garten, er ändert sich schneller als ein Blumengarten, neue Gemüsepflanzen ersetzen die abgeernteten Früchte.

Wenn es der Platz zuläßt, sollte man einen Kräutergarten anlegen, möglichst auch mit weniger bekannten Arten, der Großen Pimpinelle und dem blau blühenden Boretsch, die man auch eisgekühlten Getränken beigibt, dem feinwürzigen Kerbel, einem wichtigen Kraut der französischen Küche, der Zitronenmelisse, gern verwendet für Fisch, dem pfeffrigen Bohnenkraut und Liebstöckel, dessen Aroma entfernt an Sellerie erinnert. Es gibt auch eine Reihe seltenerer Arten von Thymian, Salbei, Majoran und Minze – letztere wuchert gern übermäßig, bleibt also besser in Containertöpfen –, die Ihre Speisen abwechslungsreich verfeinern. Die empfindlichen einjährigen Kräuter – z. B. Basilikum – sollte man in Terrakottatöpfen auf sonnigen Fensterbänken züchten. Große Kübel mit Ihren Lieblingskräutern finden ihren Platz draußen vor der Küchentür.

Äpfel, Pfirsiche, Pflaumen und Birnen gedeihen prächtig auf veredelten Zwergstämmchen. Sie lassen sich in waagerechten Kordons oder Fächerform an Mauerspalieren oder Zäunen hochziehen. Freistehende Bäume, die zu ihrer vollen Höhe gewachsen sind, wirken genauso majestätisch wie die Pfirschbäume von van Gogh, daher sollte man einen Teppich aus hohem Gras um sie herum stehen lassen. Sträucher der Schwarzen und Roten Johannisbeere, Stachelbeeren und Brombeeren sind momentan zwar nicht in Mode, bringen aber mit die schönsten bittersüßen Früchte des Gartens hervor. Es lohnt sich wirklich, sie mit einzubeziehen, besonders die Gemeine Stachelbeere. Süße Trauben erntet man nur dort, wo es richtig heiß ist, doch als Berankung einer Laube oder Pergola und als Schattenspender sollte man sie nicht missen.

Die architektonischen Elemente

Gegensätzliche Aspekte
Der Zahn der Zeit hat sichtbare Spuren hinterlassen. Die Balken des Backsteinschuppens (oben) sehen verwittert aus. Alte Obstkisten hängen als Pflanzenbehälter an der Mauer. Auch das reinweiß gestrichene Gartenhäuschen mit seinen Spalierwänden weckt Assoziationen an den ländlichen Garten (rechts).

Bäume sind nicht nur botanische, sondern auch architektonische Komponenten bei der Gartengestaltung. Sie liefern die notwendige Höhe, zentrale Punkte und auch Begrenzungen. Spaliere spielen eine ähnliche Rolle, sie tragen viel zur Attraktivität des Gartens bei, entweder nur zum Stützen der Kletterpflanzen an der Mauer, oder auch als Sichtschutz oder Verschönerung einer Gartenlaube. So einem adretten dreidimensionalen Häuschen stehen grüne Farbtöne oder Weiß mit überwuchernden Ranken besonders gut.

Romantik und Extravaganz strahlen sie aus, diese Lauben aus Zweigen, Pergolen aus Steinsäulen mit Spalierdächern, Eisenbögen und Gänge, bewachsen mit wunderschönen Rankenpflanzen wie Kletterrosen, Weinreben, Glyzinen, Geißblatt und Klematis. Oft führen sie zu einem lauschigen Plätzchen oder verstecken dieses vor neugierigen Blicken. Gartenbänke haben sich im Laufe der Zeit kaum verändert. Verwitterte oder gestrichene Holzbänke gibt es in schlichter Ausführung oder mit dekorativen Rückenlehnen. Steinbänke sind von schlichter Eleganz, und Eisenmöbel können filigran wirken. Ebenso kommt ein in die Mauer eingelassenes Brett in Frage oder eine alte Eisenbahnschwelle.

Gartenschuppen sind oft in eine entfernte Ecke verbannt, mit Recht. Doch die Gartenlauben sollten mehr im Blickpunkt stehen. Meiden Sie die Serienfabrikate, sie sind oft unästhetisch, und die Proportionen stimmen nicht. Suchen Sie ein einfaches offenes Schutzdach auf einem ganz elementaren Stützrahmen mit Spalieren an den Seiten und einer schönen Giebelform. Eine Sitzbank sollte darin nicht fehlen, und das Häuschen sollte ein bißchen erhöht stehen, damit Sie sich auf der Eingangsstufe sonnen können.

Das Eingangstor rahmt den Blick auf den Garten ein. Als Material eignen sich Holz oder Eisen, massiv oder mit Stäben, hoch oder halbhoch, schlicht oder reich verziert, auf jeden Fall sollte es vom Stil und den Proportionen her zum Haus passen. Unbehandeltes Eichenholz bekommt unter Witterungseinfluß einen silbrigen Schimmer. Das schwerere Eisen wirkt besser mit Pfeilspitzen oder einem kunstvollen Muster. Die ideale Begrenzung für einen Bauerngarten bilden Ziegel- oder Steinmauern, ein Lattenzaun oder Eisengitter, keine vorfabrizierten Holzzäune oder Betonmauern. Mit einer Bambuswand vom laufenden Meter läßt sich eine häßliche Mauer vorübergehend verstecken. Man kann auch die Wand anstreichen und Pflanzen an Spalieren daran hochziehen oder sie völlig von Pflanzen überwuchern lassen.

Werkstoff und Werkzeug
Ländliche Farben müssen nicht immer lebhaft und kräftig sein. Hier präsentieren sich die verblichenen Stoffe, die lehmverschmierte Wand, die Ziegelsteine, die Wassertanks und Gießkannen in weichen, zarten Tönen.

Register

Kursiv gedruckte Ziffern beziehen sich auf Illustrationen.

DANKSAGUNG

Der Verlag dankt folgenden Fotografen und Organisationen für die freundliche Genehmigung der Wiedergabe der Fotografien in diesem Buch:

1 Guy Bouchet; 2 Lars Hallen; 4–5 Jean-Pierre Godeaut; 12–13 John Miller; 14 Ianthe Ruthven; 15 oben Philippa Lewis/Edifice; unten Lars Hallen; 16–17 S & O Mathews; 18 Yves Duronsoy; 19 oben S & O Mathews; Mitte Christian Sarramon; unten Annet Held; 20–21 Guy Bouchet; 21 unten Jean-Pierre Godeaut; 22 links Yves Duronsoy; rechts Guy Bouchet; 23 links Annet Held; rechts Guy Bouchet; 24 La Maison de Marie Claire (Pataut); 24–25 Michael Freeman; 26 Christian Sarramon; 27 oben links Guy Bouchet; oben rechts Jean-Pierre Godeaut; unten Yves Duronsoy; 28 oben Pierre Hussenot/Agence Top (vom Bildhauer Cesar's house); unten Yves Duronsoy; 29 Michael Freeman; 30–31 Brian Harrison/Elizabeth Whiting & Associates; 31 Jean-Paul Bonhommet; 32 Bet Rej; 33 Lars Hallen; 34 Houses & Interiors; 35 Yves Duronsoy; 36 Gilles de Chabaneix; 36–37 Lars Hallen; 37 Jean-Pierre Godeaut; 38 Spike Powell/Elizabeth Whiting & Associates; 39 links Guy Bouchet; rechts Jean-Pierre Godeaut; 40 oben Antoine Rozes; unten Dennis Krukowski/Conran Octopus (Mary Jean und John Winkler); 41 oben Fritz von der Schulenburg (Suky Schellenberg); unten Yves Duronsoy; 44–45 IPC Magazines/WPN; 45 Jean-Paul Godeaut; 46–47 Dennis Krukowski/Conran Octopus (Mary Jean und John Winkler); 47 IPC Magazines/WPN; 48–49 Paul Ryan/J. B. Visual Press; 50 links Michael Freeman; rechts Jean-Pierre Godeaut; 51 IPC Magazines/WPN; 52 Jean-Paul Bonhommet; 52–54 Ianthe Ruthven (Hodgson House, Orford, New Hampshire); unten Jean-Pierre Godeaut; 55 links Christian Sarramon; rechts Jean-Pierre Godeaut; 56 links Guy Bouchet; rechts Graham Henderson/Elizabeth Whiting & Associates; 57 oben Paul Ryan/J. B. Visual Press; unten Nachdruck aus American Design: The Farmhouse, Text von Chippy Irvine, Fotografien von Dennis Krukowski, veröffentlicht von Bantam Books © 1987 The Miller Press Inc.; 58–59 Rene Stoeltie; 60 oben Tim Street-Porter/Elizabeth Whiting & Associates; 60–61 Fritz von der Schulenburg; 61 oben Di Lewis/Elizabeth Whiting & Associates; unten Derry Moore; 62 oben links Christian Sarramon; unten links IPC Magazines/WPN; rechts Rene Stoeltie; 63 Di Lewis/Elizabeth Whiting & Associates; rechts Tim Street-Porter/Elizabeth Whiting & Associates; 64–65 Nachdruck aus American Design: The Farmhouse, Text von Chippy Irvine, Fotografien von Dennis Krukowski, veröffentlicht von Bantam Books © 1987 The Miller Press Inc.; 65 Paul Ryan/J. B. Visual Press; 66 Michael Dunne/Elizabeth Whiting & Associates; 67 oben Houses & Interiors; unten Roland Beaufre/Stylograph; 68 Guy Bouchet; 68–69 IPC Magazines/WPN; 70–71 Jean-Paul Bonhommet; 72 Guy Bouchet; 73 oben Simon Brown/Conran Octopus (Designer; Joan Lombardi Bayley); unten Annet Held; 74 Fritz von der Schulenburg (Janet Fitch); 75 Nachdruck aus American Design: The Farmhouse, Text von Chippy Irvine, Fotografien von Dennis Krukowski, veröffentlicht von Bantam Books © 1987 The Miller Press Inc.; 76 Jean-Pierre Godeaut; 77–78 Spike Powell/Elizabeth Whiting & Associates; 79 oben links Spike Powell/Elizabeth Whiting & Associates; oben rechts Gilles de Chabaneix; unten Yves Duronsoy; 80 Yves Duronsoy; 80–81 Michael Freeman; 81 Fritz von der Schulenburg; 82 Geoff Lung/Vogue Living; 83 Michael Freeman; 84 Roland Beaufre/Agence Top; 85 Guy Bouchet; 86 oben links Guy Bouchet; oben rechts Christian Sarramon; unten Annet Held; 87 links Yves Duronsoy; rechts Rene Stoeltie; 88 IPC Magazines/WPN; 89 Houses & Interiors; 90 Pascal Hinous/Agence Top (Giverny); 90–91 Christian Sarramon; 91 Guy Bouchet; 92 oben Brian Henderson/Elizabeth Whiting & Associates; unten Ianthe Ruthven (Hodgson House, Orford, New Hampshire); 92–93 Annet Held; 94–95 Spike Powell/Elizabeth Whiting & Associates; 96 Rene Stoeltie; 97 Annet Held; 98 oben Paul Ryan/J. B. Visual Press; unten Jean-Pierre Godeaut; 99 Nadia MacKenzie/World of Interiors; 100 Christian Sarramon; 100–101 Lucinda Lambton/Arcaid; 101 Ianthe Ruthven (Morehouse, Tite Street, Chelsea – Eigentümer: Felix Hope-Nickolson); 102 oben links Gilles de Chabaneix; oben rechts Jean-Paul Bonhommet; unten links Houses & Interiors; unten rechts Yves Duronsoy; Gilles de Chabaneix; 104 Fritz von der Schulenburg (Suki Schellenberg); 104–105 Annet Held; 105 Spike Powell/Elizabeth Whiting & Associates; 106 Peter Woloszynski/World of Interiors; 107 Jean-Pierre Godeaut; 108 oben Annet Held; unten Annet Held; 109 Yves Duronsoy; 110 Belle (Andrew Payne/Greg Barrett); 110–111 Ianthe Ruthven (Hodgson House, Orford, New Hampshire); 112–113 Richard Bryant/Arcaid; 114 Jean-Pierre Godeaut; 115 oben Michael Freeman; unten Guy Bouchet; 116–117 Jean-Pierre Godeaut; 117 Annet Held; 118 oben Bill Stites/Conran Octopus (Mary Gilliatt); unten IPC Magazines/WPN; 119 Ianthe Ruthven (Hodgson House; Orford, New Hampshire); 120 oben Jean-Paul Bonhommet; unten Bent Rej; 121 oben links Richard Bryant/Arcaid; oben rechts Fritz von der Schulenburg (Valerie Forsythe); unten Houses & Interiors; 122 Houses & Interiors; 122–123 Michael Freeman; 124 links Spike Powell/Elizabeth Whiting & Associates; rechts Simon Brown/Conran Octopus (Designer: Joan Lombardi Bayley); 125 Simon Brown/Conran Octopus (Designer: Joan Lombardi Bayley); 126 Peter Woloszynski/World of Interiors; 127 Jean-Pierre Godeaut; 128 Paul Ryan/J. B. Visual Press; Derry Moore; 130 Guy Bouchet; 130–131 Simon Brown/Conran Octopus (Designer: Joan Lombardi Bayley); 131 Houses & Interiors; 132–133 Yves Duronsoy; 133 Di Lewis/Elizabeth Whiting & Associates; 134 Yves Duronsoy; 134–135 Bent Rej; 136 La Maison de Marie Claire (Pataut/Comte); 137 Simon Brown/Conran Octopus (Designer: Joan Lombardi Bayley); 138 John Miller; 139 oben Antoine Rozes; unten Ann Kelly/Elizabeth Whiting & Associates; 140 oben links J. M. Kolko; unten links Bent Rej; rechts S & O Mathews; 141 Christian Sarramon; 142–143 Yves Duronsoy; 143 Jean-Pierre Godeaut; 144 Jean-Pierre Godeaut; 145 Gilles de Chabaneix; 146 oben Houses & Interiors; unten Yves Duronsoy; 147 Jean-Pierre Godeaut; 148 oben George Wright; unten S & O Mathews; 148 Andrew Lawson; 150–151 Andrew Lawson; 152 oben Guy Bouchet; unten Andrew Lawson; 152–153 S & O Mathews; 153 Philippe Perdereau; 154 Yves Duronsoy; 155 Heather Angel; 156–157 Jean-Pierre Godeaut (Collection Yves Leveque); 157 oben links Christian Sarramon; oben rechts Guy Bouchet, unten Stephen Robson.

Die Seiten 6–11 wurden für Conran Octopus von Ianthe Ruthven aufgenommen.